VERNER VON HEIDENSTAM

Texter i urval

Publicerad 2018 av SVEGOT-DFS

Tryckt i Storbritannien.

ISBN: 978-91-984411-3-0
www.detfriasverige.se

INNEHÅLL

FÖRORD

Att läsa Verner von Heidenstam är att läsa
en av de stora mästarna. Det är att läsa or-
den från en man vars verk är självskrivna i
en svensk – såväl som västerländsk – kultur-
kanon. För den moderna läsaren, uppväxt
på den torftiga och substanslösa modernis-
tiska dynga som passerar som kultur idag,
är Heidenstam något mycket annorlunda…
och så mycket bättre. Hans prosa såväl som
skaldekonst är fylld av mening och lyfter
läsaren på sina vingar. Den är kravlös men
befaller i kraft av sin genialitet. Den lämnar
ingen oberörd.

Skam till sägandes har Verner von Heiden-
stam inte fått den plats han förtjänar (vilket
är sant för andra i samma anda som honom
– skalden Esaias Tegnér är en och Vitalis

4

Norström en annan). Varför? En fråga enkel
att svara på. Heidenstam lade i stort sett
grunden för den nationalromantiska kul-
turströmningen i Sverige och såg sig som en
banerförare för ett fosterländskt program.
Han var nationell och radikalkonservativ,
men samtidigt också för folkgemenskap
vilket dikten Medborgarsång vittnar om:

Så sant vi äga ett fädernesland,
vi ärvde det alla lika,
med samma rätt och med samma band
för både arma och rika;
och därför vilja vi rösta fritt
som förr bland sköldar och bågar,
men icke vägas i köpmäns mitt,
likt penningepåsar på vågar.

Vi stridde gemensamt för hem och härd,
då våra kuster förbrändes.
Ej herrarna ensamt grepo till svärd,
när varnande vårdkase tändes.
Ej herrarna ensamt segnade ner
men också herrarnas drängar.
Det är skam, det är fläck på Sveriges banér,
att medborgarrätt heter pengar.

Det är skam att sitta, som vi har gjort,
och tempel åt andra välva,
men kasta stenar på egen port
och tala ont om oss själva.
Vi tröttnat att blöda för egen dolk,
att hjärtat från huvudet skilja;
vi vilja bliva ett enda folk,
och vi äro och bli det vi vilja.

Att Heidenstam förr eller senare skulle hamna i konflikt med vännen August Strindberg var självklart. Strindberg var socialistisk materialist och därmed allt som Heidenstam inte var.

Efter att ha slutat svara på brev från Heidenstam inledde Strindberg vildsinta attacker mot honom (såväl som andra tillhörande den nationalromantiska strömningen) i offentligheten.

Strindberg attackerade monarkin såväl som militär upprustning och gick till storms mot kulturinstitutioner som Svenska Akademien – och i centrum för alla attacker stod Verner von Heidenstam.

Genom sina angrepp lyftes August Strind-
berg upp av etablissemanget till arbetarskald
och Heidenstam som något för "eliterna";
en position som vare sig var önskvärd eller
rättvis. Under fejden stod Verner von Heid-
enstam på samma sida som Rudolf Kjellén
och Sven Hedin, människor av samma ande.

Det är i Strindbergfejden som vi finner or-
saken till det svalnande intresset från Kul-
tursverige för Heidenstam framledes. Han,
tillika vapenbröderna Rudolf Kjellén och
Sven Hedin, tillhörde den förlorande sidan
i kulturkriget som vänstern vann. Likaledes
befäste socialdemokratin sin dominans inom
svensk politik och en generell vänstervrid-
ning bland de politiska partierna och olika
ideologierna tog sin början. Denna vänster-
vridning har idag cementerats i Sverige och
resulterat i hur konsten devalverats från
nationalromantikens skönhet till dagens
degenererade uttryck.

Sant och visst har inte Verner von Heid-
enstams författarskap eller poesi något
att göra med dagens urartade dito. Det

uppbyggliga och sedelärande hamnade för länge sedan i vanrykte och de stora svenska kulturpersonligheterna har förvisats från scenen.

Men lika litet som mörkret kan stå emot ljuset kan heller inte det fula och korkade besegra skönheten och genialiteten. Att läsa Heidenstam är att färdas till en annan – och bättre – värld.

Magnus Söderman
Berlin, sommaren 2016

Verner von Heidenstam

KLASSICITET OCH GERMANISM

Några ord om världsstriden

I.

Jag minns från min barndom en höstafton, då vi satt samlade kring lampan. Min gamla mormor sysslade med något handarbete och på det långa mahognybordets uppslagna klaff ordnade jag själv som bäst till drabbning två härar av vinkorkar med röda och blå blykapslar som hjälmar. Det var fransmän och tyskar. Utanför fönstren rådde det ogenomträngliga septembermörker, i vilket man icke kan skilja träden från himmelen, men som fylls av brus och vågslag. En vagn slamrade allt närmare och närmare i aspalléen, och efter en stund inträdde en tjänare med några brev och ett fuktigt exemplar av

Nya Dagligt Allehanda, ur vilket ett vitt papper, tryckt med spärrade bokstäver, halkade ned på bordsskivan.

Var kungen död? Redan den föregående vintern brukade han i teaterns sidologe välja sin plats så långt som möjligt innanför gardinerna, så att icke ljuset skulle falla på hans förtärda drag och plötsligt vitsprängda hår. Eller vilken annan tilldragelse hade väl timat?

Någon böjde sig över papperet och vecklade ut det i lampskenet och genom rummet ljöd det enda ordet: »Barbarerna!»

Jag minns hur tyst det blev, hur natten brusade och hur hjärtat drogs samman av en kall fasa, som under väntan på klämtslag och brandlukt. Säkert förstod jag icke då det främmande ordets egentliga betydelse och visste icke, att vid samma rop förskrämda kvinnor ryckt sina barn ur vaggan och tänkande män förutsagt tider av vantrevnad och skymning på jorden. Jag förstod endast att en sällsam och oroande händelse hade inträffat, och från papperets korta rader upplästes, att fransmännens kejsare givit sig fången vid Sedan.

Jag erinrar mig också en annan höstkväll,

på dagen tjugofem år senare. Det var högt uppe på Harz och vid skogsstigen under ekarna bar klippan namnen på de söner av bygden, vilka vid Sedan fallit för fransmännens vapen. Omgivna av fackelbärare och med eklövskransar på blottade huvud samlades veteranerna framför votivtavlan till en åminnelsefest, och genom skogen ljöd en dystert sjungen döds-psalm. Jag kom att tänka på det ensamma och hemska ordet från min barndom, men nu visste jag, att barbarerna, det var vi. Det var germanerna och själv var jag en bland dem.

Ovillkorligen slog mig den tanken: vari består egentligen den världsstrid, som nu i snart två årtusen fortgått på jorden? Är det icke en enda långsam drabbning mellan två härskaremakter, två motsatta principer, en raskamp mellan klassicitet och germanism?

II.

Vapenlyckan har skiftat och hur många germaner betrakta icke med dov tvekan den slutliga övermakt, som för närvarande tillfallit deras egen ras! Vart har germanismens långa strid mot Rom omsider bragt oss hän? Är vår tid blomstringens eller förfallets? Vem bland oss har icke vridit händerna under det spörsmålet? Av svaret på den frågan beror vårt livs trevnad och vår kraft till tanke och gärning. Har det aldrig hänt dig, när du på gatan eller något offentligt förlustelseställe runt omkring dig sett de personer, vilkas tycken och bemödanden starkast inverka på din samtid, att du betänkt hur snart de för alltid skola utebli, en efter en, likt skådespelare efter ett tillfälligt gästspel. Om några år skall ingen enda bland dem längre träffas vid sin vanliga tid på sitt vanliga ställe utan alla ligga de i sina gravar utanför staden. Också den nuvarande regenten ligger i sin grav hos sina företrädare. Sammeten på hans kista har redan tagit skada av tiden, glasmålningarna i koret börjar falla sönder och man rådgör om att stänga trappan ned till valvet med en sten för att slippa den dystra anblicken av förmultning och förödelse. Och hur snabbt skall icke mossan växa över alla nu rådande förhållanden och meningar! Hur skola icke där ute i världen nya andliga mandråpare slå sönder vart namn, som kvä-

ver deras egen fria växt, och uppställa vär-
den, som varit oss främmande! När vår tid
då kastas på vågskålen med alla sina dårska-
per, sina smaklösheter och misstag, månne
där åter då skall höras det ensamma ordet:
Barbarerna!

Äro vi redan från födelsens stund på för-
hand bestämda till en sådan vanära, då veta
vi också varje morgon, när vi draga upp rull-
gardinen för att se dagen i ögat, att allt vad
vi taga oss för intill aftonen är lönlös möda.

Fåfängt fylla vi tidningarna med våra per-
siflager för stunden eller bokhandeln med
våra böcker, muséerna med våra målningar,
teatrarna med vår musikaliska skicklighet.
Det är det ohyggliga att mitt under all denna
brådskande verksamhet framsmyger nästan
med en anings styrka ett självtvivel och en
misstro, vilken tvingar det ojämförligt störs-
ta antalet ibland oss att söka det upphöjdas
och det storas förebilder inom helt andra
tider. Några vända sig till sitt eget folks
historia, andra till det galliska lynnet, men
kanske ströva de flesta rätt in i fiendeland
till renässansen, Rom och Hellas. Vi be-
kämpa klassiciteten ungefär på samma sätt

som vissa folk stred mot Napoleon, nämligen med den blandning av beundran och förnekelse, vilken måhända just bebådar närvaron av en farlig och verklig fiende. En mängd av litteraturens yppersta verk bjuda också våra känslor handen och lära oss att i den klassiska odlingen se en kort allenastående blomstring, vid sidan av vilken våra egna dagar måste känneteckna det djupaste förfall. Sinnet väljer sig dock i det längsta mot att godkänna en självdom, vilken endast skulle kunna leda till allmän oförmögenhet och död och vi följa med ögat vart sandkorn, som glider genom timglaset, för att rannsaka om det icke gömmer en sannolikhet, som talar till vårt bästa.

III.

Med klassicitet förstår jag den odling, som uppnådde sin mest samlade och fulländade utbildning i hellenismen men som även omfattade Rom och, ständigt lätt igenkännelig, sträcker sina yttersta förgreningar ända in i det närvarande.

Som vi alla veta restes den klassiska odlingen på opersonlig lydnad under det skönt befunna och på en aristokratisk känsla för den yttre värdigheten, för formen, för sanningens och fullkomlighetens uppnående i det objektiva. I denna vördnad för det objektiva och med tanke på jämnvikt och skönhet utmejslade Platon sin stat som ett bildhuggareverk och grundade Aristoteles empirismen och byggde romarna med oöverträffad konstruktiv skärpa sin statsenhet. Germanismen åter är subjektiv och framskjuter känslan och det personliga gent emot både andlig och statlig objektivism. Kristendomen, som i romanska händer förvandlades till ett cæsariskt maktmedel, ett svärd och en tiara, sammansmälte skyndsamt på germanernas grund med de folkliga elementen. Visserligen anbefaller kristendomen så till vida objektivism, att han fordrar ett uppoffrande av personliga böjelser, men i likhet med senhellensk och alexandrinsk filosofi påbjuder han icke detta för statens skull, utan för varje särskild människas eget bästa och gör med ens individens liv och tro till brännpunkten. Det blev bryggan mellan kristendomen och germanismen, vilka slöt en oskiljaktig förening. Den objektiva statsbyggnaden sprider ömsesidig aktning mellan medborgaren och samhället, men därtill också en viss kyla. Vid kritiska tillfällen gripa därför båda snabbt efter klingan och på så sätt framträder hos romanerna icke blott anarkismen med sin vendetta, utan hela den långa skara av konspiratörer, tronpretendenter och statskuppsriddare av alla färger, vilka så gott som saknas inom det germanska samhället, men där den personliga friheten ofta blir jämförelsevis mindre. Germanerna tala icke om staten som om ett kallt befallande axiom utan tycka om en ton av förtrolighet även under det mest despotiska regemente. De umbära villigt de republikanska ytterlinjerna, men icke en färg av bred folklighet över sedvänjor, tycken och teorier. De hysa ovilja mot den enskildes kunskaper, vilka höja honom över mängden. Liksom de gärna utbyta ordet »förfining» mot det gäckande »överförfining», insätta de gärna i stället för ordet lärdom ett avisande »kammarlärdom». Däremot bemöda de sig med en helt annan värme än romanerna att sprida upplysning bland folket. I följd av allt detta kan det germanska samhället kallas demokratiskt utan att inrymma ett större mått av frihet åt individen och dock genom det subjektiva vakande över nästans handel och vandel, som germanismens sedlighetskrav alltid medför, ådagalägga hur starkt individens uppfostran här skjuts i förgrunden som mål.

Frisinnet är galler men demokratien tyska. Voltaire var frisinnad av födsel, men först på engelsk jord förvärvade han en halv aning om demokratiska idéer. Den musikaliska Rousseau, född av protestantiska föräldrar i ett land, där demokrati och tyskt naturliv länge gjort sig gällande, predikade en naturdyrkan, som först i germanerna träffade rätta bundsförvanter. I franska folkets egna händer och med målaren David som ceremonimästare antog snart revolutionen antikens drag för att slutligen smycka sig i den romerska kejsartogan. Klassiciteten skyndade alltså att taga stunden i akt och fortfarande glänta på sin grav, men hur vägde sig väl germanismen mot den nya faran? Germanismen framletade Shakespeare och Ossian och svarade med den tyska och engelska nyromantiken, som bröt väg för inåtvänd realism, för inbillningens och känslans rättigheter gentemot formen. Den ursprungliga romantiken med sitt chevalieri och sin kvinnokult blottade redan i sitt namn sin härkomst. Också nyromantiken lovsjöng med tjusning Rom och Italien. Dock gällde det först och sist att återupptaga just de medeltida beståndsdelar, vilka med framgång kunde begagnas mot det franskt hedniska — detta även när »Åtalas» diktare, bretagnaren, efter vidsträckta resor i germanska stater slutligen förde denna mot-revolt med sig rätt in i gallernas egen krets. Hela rörelsen växte till en andlig reformation, fullt ut så betydelsefull i sina verkningar som någonsin den politiska omstörtningen i Frankrike, men blev dessutom ett germanskt självförsvar mot dennas innehåll av återvaknande klassicitet. På samma gång upptog germanismen från Frankrike den rent sociala behållningen. Med fyndigare skicklighet kunna i sin omedvetenhet icke rasinstinkterna skicka arvfienden att hämta det gyllene skinnet och sedan åter igen slå av honom hjälmen och nita fast hans svärd i skidan. Och dock kunde germanismen denna gång lugnt göra det med den starkares rätt, ty just i nyromantikens filosofiska och konstnärliga omdaningsverk hade germanismen sprungit upp från tuvan och förstått sig själv. Det var ju visserligen ingalunda första gången, som känslan yrkade på rum. Redan i Italien tala icke ensamt Toscanas stora skalder om känslans betydelse, utan hon orsakar tid efter annan smärre uppresningar mot klassicitetens kyla. Det förefaller till och med nästan som en ödets artighet mot germanismen att den akademi, som ett antal italienska vitterhetsidkare stiftade till minne av drottning Kristina, just visade hornen mot det allt för konstmässiga hos samtiden och sysslade med arkadiska herdekväden, om också dessa i sinom tid förlorade liv och doft. Även det folkliga, det enkla, det naiva stelnar liksom allt annat efter några snabba årtionden i tomma former. Ingenstädes uppreste sig dock inbillning och känsla med en sådan obetvinglig våldsamhet som hos germanismen, vilken därmed omsider också blev en andlig makt, en segrare för långa tider.

Hur har icke också germanismen under det århundrade som förflutit sedan dess betryggat sin ställning inom skolväsen och stat, inom konst, handel, utvandring och politik och från sina skogar samlat bränsle till Roms förstöring samt åt alla sidor fört demokratiseringen vidare. Om också en Saint Simon med sitt franska vattenpass insatte de teoretiska hörnstenarna under socialismen, vann dock denna först längre norr ut på allvar fotfäste som den yttersta motsättningen till klassicitetens pyramidsystem och som germanismens konklusion. Redan reformationen var ett förfolkligande av en aristokratisk kyrka och en fullständig brytning med romanskt lynne. Man må efter tycke harmas eller fröjdas åt all denna ständiga demokratisering, ett står dock fast: sådan är germanismen. Allt bestyrker in i det minsta huruledes det blivit germanismens historiska uppgift att störta klassiciteten och fullborda kristendomens praktiska förverkligande.

Måhända är det dock icke tyskarna, som komma att genomföra den slutliga demokratiseringen. De ha själva ofta erbjudit en timmes vapenvila mitt på slagfältet och fraterniserande smakat på druvorna i både helleners och latiners ränsel. De ha ägt en tysk-romersk kejsarkrona, som nu ligger i Louvrens museum, och en frankisk kejsare, som nu sover i Aachen. De ha haft sin skolastik, sin humanism, sitt Sans Souci, sitt Jena och Weimar och salig Lessings förträffliga, men i sitt särskiljande av de olika konsterna allt utom germanska avhandling om Laokoongruppen. De ha haft sin Heine och allra sist sin Nietzsche, som med en romersk hönsförsäljares grymma fröjd plockar var fjäder ur germanismens arma skinn, och dock till sist själv förråder sig som german därigenom, att munnen går honom ända upp över öronen. Var insats av skönhet och formgivning har varit en bägare vatten, bräddad av vandrare vid den sydländska källa, vilken genom otaliga rännilar hämtar sina flöden från snön på de klassiska gudarnas berg.

Men hemlighetsfullt och okänt står bakom tyskarna ett annat folk med huvud vid huvud, så långt ögat ser, med långa skägg och fårskinnspälsar och en undergiven ödmjukhet i sina ögon. Det är slaverna. De veta ingenting om klassiciteten och förstå den icke. Såg de också fordom någon afton det franska upplysningstidevarvet svänga sin solfjäder i kristallkronornas ljus bakom Peterhofs eller Vinterpalatsets immiga rutor, minnas de likväl endast denna syn som en tillfällig och icke älskad gäst. Hur isas icke sinnet vid anblicken av de oöverskådliga skarorna I Barbarerna! Och dock, med vilken rätt begagna vi åter och åter detta fasans ord om stamförvanter med samma rasuppgift som vi själva: klassicitetens störtande! Det förefaller som vore dessa slaver på ett särskilt sätt mottagliga för praktisk kristendom och därför måhända bestämda att utkämpa den allmänna demokratiseringens sista drabbning. Då vi hör Tolstoys stämma, kunna vi icke misstaga oss och mena, att det endast är en gammal gubbes knarr över marmorstatyer och kunskap, utan vi förstå att ett helt folk talar genom honom. När jag en gång steg in i en av Moskvas kyrkor, mötte min blick bakom ikonostasens uppslagna dörrar en bild av Kristus, som skiftade nattvardsbrödet. Han var realistiskt målad, så att han föreföll som en vanlig levande människa. Under tiden sjöng en bred kör av basar en melodi, men icke i stämmor, utan det var som hade ett helt stort folk sjungit med en röst. Då måste jag tänka på den gamle Tolstoy. Jag tyckte mig se honom komma över stengolvet med sin ryska bond-dräkt, sin breda näsa, sitt stripiga hår, sina obeskrivliga ögon — och höjande handen predikade han mot Palatinen likt en av de vittnande bröderna från Antiochia.

Det båtar icke att vi stänga oss inne i våra muséer eller bland våra böcker eller att vi med rytmers klang bygga oss ett skönhetsrike i inbillningen. Rom brinner! Brandlukten hänger över alla våra tankar. Hur vi än gömma oss för vårt eget rannsakande öga, vina dock frågorna om blomstring eller förfall som käppslag. Vad förstå vi egentligen med barbarer om icke människor utan skönhetssinne och självtuktan, som älska det rafflande och grova och som låta sin subjektivism av kasta kläderna utan att vårda sig om åtbörder och ord? Passar det icke på oss? Tunga knytnävsslag med smedshänder ha blivit tecken på snille, men att sätta måttfullhetens åt alla sidor skyddande glasklocka över en sådan sensitiva som sanningen har blivit en föraktlig svaghet. Ingen german förmärker en svaghet i Luthers drastiska utbrott av vrede eller skämt, men det ligger i deras rasinstinkter att tro sig möta orkeslös blodbrist eller en konvenansdygd från salongen i varje atticism, med vars bistånd klassiciteten möjligen skulle kunna vinna land. Vilken oförädlad råvara förblev inte Bismarck! Alla de otaliga anekdoterna om debatterna utanför det belägrade Paris lämna ovillkorligt åhöraren i den föreställningen, att de franska herrarna egentligen voro de fina karlarna och att de just därför blev förbluffade och överröstade. Germanerna älska ärlighet, men just däri, att de helst söka det ärliga i en viss grov kornighet förråda sig deras egna innersta hemligheter. Redan studentlivet anlägger under nordliga luftstreck grövre färger och uppfostrar de blivande statsborgarna till ett ständigt vacklande mellan sentimentalitet och smak för det simpla. De franska psevdo-klassici, som trodde sig äga ett kriterium på snille och smak i Boileaus Art poétique kunde icke vara mer dogmatiska än vi, uppfödda som vi äro med travestier av alla slag och skolade i åttiotalets upplopp. Skillnaden är endast den, att våra fördomar äro de rent motsatta. Till och med angåen-

de smärtan spelar den germanska subjektivismen första fiolen, så att vi anse det svagt
och ointressant att likt vissa romare utan en
muskelryckning kunna låta handen förkolna
över elden. I stället gå våra snille-tävlingar
ut på att skrika och den, som skriker värst,
är störst. Alltså: det obehärskade har blivit
föredöme, barbariet har blivit upphöjt till
fälttecken.

När världsstriden mellan klassicitet och
germanism flämtar som rödast, vaknar för
minnet den gamla sagan om giganternas härnadståg mot Zevs. Denna gång äro dock de
glödande ekar, vilka slungas över Olympen,
från Harz och Thüringen och klippstyckena
från Seveberget, och det mullrande jordskalvet kommer från det stora heidelbergska vinfatet, vilket de anfallande rulla framför sig.
En av de forna giganterna hette Alkyonevs,
vilket nära nog leder inbillningen mot det
forntyska mansnamnet Alkuin, och det var
det sällsamma med denne rese, att ingen kunde övermanna honom så länge han stred på
sin födelsebygds mark. Månne han icke lever
än i dag med sin kärlek till den fäderneärvda
torvan och med germanskt blod i ådrorna,

och först bunden och bortförd till de klassiska ländernas konstskatter, mister han till en tid sin styrka! Dock berättar sagan slutligen oraklets spådom, att endast en dödlig skulle kunna rädda gudarna, och snart skymtade också genom röken Herakles', tuktarens, blankslitna och av nattdimman ännu fuktiga klubba. — Hur länge skola vi denna gång vänta dig, Herakles?

IV.

Aldrig mötte lyrans gud en makt, vilken så helt förintade hans stränghet och hans heliga allvar som humorn. Vad är då denna humor? — Dålig smak! svarar Aiskylos och vänder sig i sin grav. — Barbarernas försoning med sin egen fulhet! svarar Cicero, och det pyr och sjuder i hans aska som när en vindroppe faller i ett romerskt glödfat. Hur skola vi då själva nämna humorn? Han är en Homeros, som blev född i en nordeuropeisk gäststuga och tvagen i ett ölkar och som i dopet undfick den egendomliga bestämmelsen att av ren godhet upplösa allt till intet. Han måste se det lilla i den stora Zevs, men det stora i de små pygméernas strid mot tranorna, det fula i Helena, men det sköna i den lama gamla Anchises och det harmlöst roliga i de fasansfulla ormar, vilka dräpa Laokoon. Följden blir också den att han helt enkelt aldrig kan skriva någon Iliad. Han är den obarmhärtige rövaren Prokrustes, som i femte akten blivit präst och därtill stympad på ett sätt som särskilt dämpar sinnet, så att då han nu binder sina offer i sängen och sönderhugger eller uttämjer dem till dess alla bli lika stora, gör han det icke längre av grymhet utan med ögonen klara av ömhet och som en gärd av rättvisa åt de små. Visserligen värmer det hjärtat att humorn ler gott, där antiken skrattade elakt, men vi få icke glömma att det isande senromerska hånet var ett sista naturligt självförsvar mot allt det, som bragte den klassiska odlingen döden. Det var kanske icke någon slapp humor med ett sötaktigt löje genom tårar, men det var ett stolt och kränkt folks vreda svar till både Palatinens och Olympens förrädare.

Ironien och den bitande kvickheten äro aristokrater, humorn är plebej. Som bekant förskriver sig den egentliga humorn från ang-

elsachser, tyskar och skandinaver, med andra
ord, från folk, vilka stod rustade med sedlig
kraft och mycken godmodighet, men föga
utvecklad skönhetskänsla. Ett anti-aristo-
kratiskt tycke präglar tidigt dessa stammar,
i vilkas borgar, hovsalar och konst man näs-
tan beständigt tycker sig höra ett surrande
av folkliga skratt och dansar. Särskilt vid en
blick i den tyska litteraturens historia häpnar
man inför all den breda folklighet, som stor-
skrattande och sjungande brusar förbi på var-
je sida. Redan på tolvhundratalet lever en re-
alistiskt färgad folkdiktning, snart begynner
platt-tyskan berätta sina sagor och hur det
lider strängar en nürnbergerskomakare sin
tids bästa lyra. Landsknektsvisor och jägar-
visor ljuda på vägarna, och dunkande med
tennmuggar i gilleborden giva åldermännen
tecken att uppstämma de olika skråvisorna.
Vin och öl skumma ur oerhörda jättekar och,
gråtögda av skratt, åse djäknar, studenter och
borgare larmande »schwänke» och klappa
händerna åt Hanswurst. En rik folkdiktning
i många skiftningar förekommer vid samma
tid även flitigt i de romanska länderna, men
icke med samma utpräglade böjelse för det

fula. Även de tyska vägg- och takmålningar, vilka sjuttonhundratalet med sin böjelse för det klassiskt vita ofrivilligt räddade genom att överkalka, måste väl ofta nog hänföras till ett slags allmogekonst, vilken icke kan påräkna någon strängare skönhetsvärdering.

Först i och med tyskarnas storartade självutveckling i förra århundradets senare hälft synes folkligheten egentligen ha förvandlats till det konserverande elementet inom germanismen; medan däremot den mer oroliga men livaktiga vänstern blivit att söka inom subjektivismen. Utifrån betraktat åter, äro fortfarande än i dag folkligheten och subjektivismen de två händer, med vilka germanismen avväpnar klassiciteten.

Låt oss emellertid gå vidare. Till och med germanernas böjelse för ståndskillnad och därmed befryndade svagheter är i grunden äkta plebejisk, medan däremot romanerna just genom den friare ton av jämlikhet, som hos dem råder mellan hög och låg, kommer dem att umgås med varandra som sanna aristokrater. Marchesen språkar som en god kamrat med sin betjänt och den armaste sate har i Södern en högre medborgarrang än hos oss, men detta beror icke på en inneboende folklig anda i smak och tycken utan på den latinska samhällsbyggnadens objektivism. En betjänt eller en portvakt känner sig där som betjänt eller portvakt inneha en alldeles särskild liten värdighet och befattning för sig, och så bemöter man honom även. En italiensk kusk vet sig vara något mittemellan en droskägare, en ciceron och en belevad kavaljer, och när en romersk tiggare ropar sitt evviva för en gatukravall, gör han det snarare med aristokratiska frihetsfunderingar i huvudet än med något slags förbittring mot upplysningen och det sköna.

Germanernas sinne åter leddes redan från begynnelsen i en annan fåra. Hellre än att som latiner och galler flytta samman i befästa byar eller städer bodde de på avsöndrade gårdar. Från första stunden spåras hos dem den makliga subjektivism, som älskar ensamheten och i följd därav lantlivet och som slutligen skulle utmynna i den naturdyrkan, vilken med sin dolska misstro till staden och civilisationen i vårt århundrade blev en ny murbräcka mot Rom. Germanerna älska naturen som en motsats till civilisationen, en fiende till kunskap och konst, en bundsförvant, en tunna krut under resultatet av människors skicklighet och arbete sedan årtusen. De börja till och med att hellre betrakta stora män som vilda och otuktade naturkrafter, än som civiliserande makter. Hur barbariskt missförstående är icke en sådan naturuppfattning och hur nära är hon icke dock förbunden just med germanismens skyggaste och djupaste egenskaper och med den samhörighetskänsla, ur vilken Nordens innerliga naturlyrik kvällt upp som en stilla skogskälla.

Trögt och utan händelser måste under vinterskymning och fredsår tiden ha skridit fram i odaltjället och vant sinnet att godmodigt låta företeelserna flyta samman till ett enahanda, till det ljusdunkel som är humorns luft och i vilket en gång Rembrandt skulle förvandla krigare eller av klassiciteten övermänskligt idealiserade mytgestalter till undersätsiga holländare. I stället att som i Södern samla sin kraft på stora monumentala plafonder tvungos de nordiska mästarna att syssla med träsnitt, kopparstick och små dukar, och den ömsom makabra, ömsom brett folkliga konsten vande ögat vid det lilla, vid detaljen, realismen och genren. Benägenheten att göra hjältar och profeter »mänskliga» genom att skildra dem som vardagliga personer från vår omedelbara närhet blev också över hela Nordeuropa ett av humorns mest betecknande drag. Man erinre sig endast Turgenjeffs sätt att skildra Kristus, vilken möter honom i en liten oansenlig bondkyrka: »Ansiktet hade intet ovanligt hos sig, utan liknade andra människoansikten. Blicken var riktad något uppåt, lugnt forskande... Hans kläder sågo ut som andra människors ... Kan det vara Kristus? tänkte jag för mig själv. En så enkel, vanlig människa!» — Även de protestantiska predikningarna och psalmerna sträva till samma förallmänligande som den turgenjeffska skildringen, och humorn och lutheranismen äro gamla förtrogna. Intet skulle till den grad roa lutheranerna som om en biskop mitt under bönen för altaret vände sig till menigheten och mumlade ett »fan tage» och därefter åter lika allvarligt och varmt som hade ingenting hänt slutade med ett »och ändå av hjärtat amen». En sådan biskop skulle i popularitet få en påves makt över sinnena. Det är nödvändigt att särskilt lägga märke till dylika egenheter för att kunna fatta hur germanismen kunnat växa till den demokratiserande makt, vilken slutligen kulminerat i subjektivismen.

Individens uppgående i det hela eller det helas uppgående i individen kan endast försiggå genom ett dämpande av det söndrande ljusets skärpa, ett musikaliskt obestämt ljusdunkel, där linjerna och föremålens olika avstånd och storlek utplånas. Den nutida filosofiska enhetsläran, grundad på ett bevisligen omöjligt antagande, är också uppfylld av sammanförande och hopsmältande germanskt ljusdunkel. Sydländingarna äro polyteister av natur. De älska det logiska isärklyvandet och preciserandet. De tycka om hyllor med olika fack. De äro vana att se en skarp linje mellan ljus och skugga och de tilltalas icke av ett godmodigt likhetstecken mellan udda och jämt, utan av de oförsonliga motsatserna i ett tragiskt drama.

Låt oss för att än tydligare se skillnaden inbilla oss att vi sitta vid Jerusalem och att det är kvällen före Sigurd Jorsalafars intåg.

På murarna blinka i den isande kvällsluften spjutspetsarna mellan johanniternas kappor, och några tennskålar kringbäras med en lätt aftonvard. Till och med oljans droppe bland grönsakerna i skålen förefaller genomskinlig som vatten och sammansatt av tusentals glasskärvor, tusentals sins emellan oförmildrade återsken av djupblå luft och kalkvita murar. Solen sjunker hastigt, och snabb som en svart häst springer nattskuggan uppför berget. De frankiska och latinska riddarna på muren samspråka dock alldeles för livligt att tänka på solen. Solen? Nå, det är solen, det är ett ting för sig! Kanske hon icke tändes och slocknar dem förutan? Och landskapet? Det är Judéen och tillhör Kristus. De känna icke heller någon hemlängtan till torvan. Den skola nog deras kvarlämnade bröder förstå att plöja. Och de vita rosorna, vilka den yngste riddaren så ivrigt plockar nere vid Siloa ? De äro Den heliga jungfruns och skola pryda hennes altare. Det är därför han dragit av järnhandsken, så att fingrarna skola stingas och blöda. Om ingenting av allt detta tala riddarna, fast de så häftigt teckna med armar och händer. De tala om ett människoverk som är deras eget. De tala om de sköna och kostbara mattor, vilka de nästa morgon vid Sigurd Jorsalafars intåg ärna utbreda på gatorna. Månne de icke med vapen i hand erövrat flera av de mjukaste från saracenerna ? Men de vackraste ha johannitersystrarna själva förfärdigat med bilder av solen och de vita rosorna vid Siloa. Ingen i hela Jerusalem nändes någonsin beträda dem utan att först avdraga skorna och knäböjande kyssa de med silver inflätade fransarna. I långa år ha systrarna sent in på nätterna strävat vid sitt arbete till Guds ära, ty vad kan mer förhärliga Gud än just ett människoverk som är skönt, ett verk av tänkande varelsers bemödanden och färdighet, ett verk av hans egna barn!

Men i lägret utanför staden sitter ännu Sigurd Jorsalafar vid det allt för långvariga och bullersamma gästabudet. Där skrattas mycket, men han lyssnar icke utan trycker handen mot hjälmringen, och mellan fingrarna hänger det gula håret långt ned över hans kraftiga kämpaarm. Han längtar. Han längtar hem till den havsvik, där man vid stilla väder kan höra det första hundskallet från Lade kungsgård. Han stirrar ut i skymningen och fyller den med sitt eget svårmod.

Solen är hans, skyarna äro hans. Han är ett
med skymningen och luften och bergen. —
Kristmän, nordmän ! ropar han och knuten
faller handen mot bordet. — Hören vad jag
säger! Om ryktet mäler sanning, tänka stads-
borna där inne i morgon breda sina kostba-
raste mattor på gatorna. Nordmän, vi skola
icke visa oss bländade och häpna som fattiga
stavkarlar eller stiga av hästarna. Lugnt sko-
la vi rida på, så att hovarna slå hål i mattor-
na och lära dessa korsets riddare hur föga vi
akta fåfängliga människoverk !

Människoverket synes nämligen gärna na-
turdyrkarna från Norden fåfängligt, men då
det ligger i deras raceuppgift att sammanföra
och hopsmälta och då de följaktligen icke på
längden kunna fortfara att åtskilja naturen
och människoverket civilisationen, blir det
merendels humorn, som blir den slutliga för-
sonande medlaren.

Humorn är icke blott kristnad satir utan
den mest oblandade droppe av germansk
subjektivism som någonsin kunnat upplösa
de fastaste kristaller. Historiskt sett måste hu-
morn med sin destruktiva förmåga gent emot
den marmorhårda apolloniska strängheten

enkom ha uppstått för att varda germanernas handvapen i striden mot klassiciteten.

Ett oväldigt granskande av humorn är oss nordbor över huvud taget icke möjligt, ty instinktivt veta vi, att denna är det palladium, under vars hägn vi värna vårt Troja mot sydländingarna. Om ett konstverk saknar humor, förklara vi till och med utan vidare, att detta är ett avgörande fel. Stackars de romerska klassiker, vilka redan på skolbänken tycktes oss så främmande! Hur skulle det bland oss väl heta om en penna, som skildrade ett helt fälttåg i främmande land utan att späcka texten med anekdoter och »roliga» bifigurer? Vad vi nu för tiden kalla stil är en blandning av allt möjligt, av humor, små tillspetsade utfall, akustiska ordsammanställningar och en hel del kvarlevor från Dickens' manierade och dåliga prosa. Denna uppsats kan själv tjäna som närmaste provstycke. Vi äro bokstavligen upplärda i det smaklösa, och mången gång handlade vi klokast, om våra verk kastades på elden. För ett antal år sedan sökte de nordiska skalderna rädda sig därmed att de klövo sin stil i två skilda delar, två olika rum med en tjock mur emellan. Goethe

som hellen och som humoristisk nordbo äro
två alldeles olika personer. Det samma gäller
om Runeberg. De folk, vilka närmast fostras
under klassiskt inflytande, ha däremot allt-
jämt visat sig oemottagliga för de humoris-
tiska strömningarna från norr. De ha heller
icke sörjt däröver. Ligger icke också Divina
Comedia — om vi tvinga oss till ärlighet —
minst två eller fyra trappsteg högre än själva
Shakespeare och hans engelska samtida?

Med vilken fast resning bygger sig icke
smaken och hur riktas icke inbillningen mot
det stora hos folk, vilka besitta sådana före-
bilder som italienarna eller vilka likt frans-
männen se sin kejsare, flammande av vrede,
lämna den teater, där man i stället att spela
Racine eller Corneille förolämpar honom och
hans tidevarv med toklustigheter. Och vem
har ej skrattat åt den kända anekdoten från
Versailles, där Ludvig XIV icke kunde förmås
att låta behänga sin vägg med de nederländ-
ska genrestycken, vilkas supiga och stojande
folklighet syntes honom så föga uppbygg-
lig. Hos oss nordbor och ej minst hos oss
svenskar besitta de snillrikaste av våra natio-
nalverk tvärtom en del groteska egenskaper,

vilka upphöjda till förebild snarare förvilda och förvirra. Det sköna uppträder i Ultima Thule aldrig nationellt utan alltid individuellt. Trots en storslagen odling har det sällan lyckats svenskarna att göra det typiskt svenska skönt. Vida oftare har det typiskt svenska fått fortfara att te sig drastiskt, nästan nederländskt. Det mest fulländat sköna hos Sergel eller Runeberg bär tycke av något avsöndrat och främmande. Begåvade med mer historisk inbillningskraft än smak och därtill sedan några årtionden starkt påverkade av norrmännen, vilka stå klassiciteten fjärran och icke förstå den, äga vi ej heller någon konstfilosofi, som på allvar klargör vårt vacklande mellan klassicitet och germanism. Var konsthistoria inskärper, att den stränga stilens upplösning i folklighet och humor betecknar ett sjunkande. Var estetisk lärobok uppställer klassiska teorier för blomstring och förfall, enligt vilka stycken som Fredmans epistlar eller Sven Dufva vida mer känneteckna förfallet än ägna sig till mönster. Vi erkänna dylika synpunkter men undvika tillämpningen. Vi smeka hellenismen med den ena handen och förjaga honom med den andra. Thorild, Tegnér och Almqvist låta väl ibland sina blixtrande paradoxer lysa över konstens principer och det må ju ifrågasättas huruvida icke just paradoxen är det hopträngda tankeepigram, som även de systematiserande tänkarna i alla tider satt som de egentliga pelarna under sina sammanbindande bågar. Det svenska lynnets beståndsdelar medföra dock givetvis en ängslan för paradoxens oförsonlighet och detta åter vållar att vi angående såväl det ifrågavarande ämnet som andra, hellre än att framslunga verkligt ingående påståenden, merendels stanna vid ett filosofiskt pastellmåleri utan tydligt skurna konturer. Emellertid faller det vid en summarisk överblick genast i ögonen hur oerhört starkt, allt det nyss anförda till trots, klassiciteten påverkat hela vår odling och så sammansmält med vårt lynne, att vi liksom danskarna måste kallas germanismens avfällingar.

Påtagligast har hos oss — liksom hos fransmännen — klassicitet och germanism flutit tillhopa i det statsliga organisationsarbetet. Att man vid en jämförelse med det sorgliga tillståndet i våra dagars Frankrike dess bättre icke finner likheter beror just på den germanska känslan för det ringa, för plikttroget och omutligt arbete i det lilla. Ora et labora! är visserligen latin, men tanken är germansk. Om alltså klassiciteten i hög grad varit en medverkande faktor vid vår samhällsbildning, har den emellertid också i vår uppfostran haft ett så genomgripande inflytande att vi därefter måste bedöma ett övervägande antal av våra yppersta personligheter och till och med rätt många av våra historiska handlingar. Det är icke blott den nordiska kämpasagan utan minst lika mycket Alexanders levnadsbeskrivning och de franska tragöderna som skapat Karl XII och hans män och även därvidlag sammangjutit det klassiska med det typiskt svenska till en enhet, vilken i sitt slag blev lika egendomlig som oförgätlig. När svenskarna kallas Nordens fransmän är det därför en djup historisk sanning som icke ensamt får gälla deras yttre artighet och icke heller fattas som blott och bart en efterapning utan beteckna, att svenskarna liksom fransmännen lyckats att i sin odling sammansmälta klassicitet och germanism.

Det kan icke överraska att detta i det

stora hela fullständigare lyckats svenskarna som statsmän och hjältar än som tänkare eller konstnärer. Över våra konstutställningar vilar, då de jämföras med grannfolkens, ofta något dallrande och obestämt. Något dylikt spåras ej sällan även hos de enstaka utövarna antingen de föra penna eller pensel. De liksom brottas mellan två motsatta åskådningssätt, två metoder. Redan hos Stiernhielm framträder samma tvåsidighet. Det är striden mellan klassicitet och germanism. Med litet god vilja skall det dock icke falla sig långsökt att just i den skiftande dagern över svenska verk se något både levande, tilltalande och ganska egenartat.

Hur står icke hos Bellman klassiciteten sida vid sida med den subjektiva yran och en makaber germansk humor, där valthorn och dödsringning växelvis stämma in. Hos Tegnér står klassiciteten i förgrunden, men han råder över vidsträckta germanska kolonier, från vilka han hämtar både sina prydnader och sin smärta. Jag kan aldrig se Wagners sköldmö, omgiven av lågor och valkyriors härskri somna in vid »eldmotivets» spröda glasharmoniketoner utan att tänka på Tegnér och hans slutliga bortdomnande och död. Mer förhärskande röjer sig åter germanismen hos Thorild, Marcus Larsson, Geijer och Almqvist. Har du hört Almqvists musik? Hon är satt med så oövad hand att du först genom att länge genomspela de olika styckena till sist kan vänja dig att förstå hans avsikter och på så sätt skaffa dig en nyckel. I enrum skall du icke kunna höra dessa sånger med torrt öga. De äro diktade med den inbillningens och känslans formlösa uppriktighet, som en gång för alla blivit germanismens rikaste insats. Var skulle vi i dag som är väl stå utan den? Kanske äro hans osäkra takter diktade i den äkta germanska tanken: Det är lätt att behaga alla, mig lockar det oupphinneliga, det att helt vinna en enda. — Kanske har han också lytt den icke mindre germanska tanken: Så sjunger jag, ty så är min röst. Vad bry mig formerna! Vad bry mig handklappningar eller tadel! — Att i fråga om den svenska konsten vilja lämna ett givet företräde åt den ena sidan eller åt den andra vore fåfängt. Kanske har klassiciteten uträttat mest, men sett i stort stå de båda vågskålarna i vacker och förvånande jämvikt.

Äro svenskarna germanismens avfällingar, så framgår icke därav med nödvändighet att detta skall innebära en historisk skam, vilken de borde skynda att genast försona. Så mena endast de, som anse att svenskarna äro ett i klassiska former förstenat och döende folk. De betrakta frågan allt för germanskt ensidigt. Kände romanerna vår odling till punkt och pricka lika väl som vi själva, skulle vi säkerligen bland dem finna försvarare. Jagade svenskarna klassiciteten ur riket, skulle de sannolikt för all framtid helt och hållet nedsjunka till andliga slavar under ryssar och norrmän, hos vilka germanismen lever mer oberörd. Jagade de åter germanismen ur alla sina reformer, sina skrifter och konstverk, skulle det svenska på fullt allvar stelna till en vacker gammaldags staty utan ande och blod. Däremot måste det hos svenskarna känneteckna förhöjd livslust var gång klassiska och germanska beståndsdelar på allvar brytas i deras lynne. Så vitt det kan synas har något dylikt just under de senare årtiondena varit fallet. Deras historiska liv för framtiden beror på deras förmåga att hålla samman den klassicitet och den germanism, som i deras lynne runnit hopa till nationell enhet. Deras plats i världsstriden är följaktligen mellan de båda härarna mitt ute på fältet, där så många andra smärre friskaror uppkastat sina skansverk.

V.

Jag vill försöka att med en parabel om visan belysa hur klassicitet och germanism slingrar sig samman i så hårda knutar, att ögat lätt förväxlar de båda trådarna.

Vår tid är orkestral och intvingar motvilligt sitt grubbel och sina sammansatta känslor inom allt för regelbundna strofer. Framför ett mer omfattande innehåll vare sig av ymnig lyrik eller mer episka beståndsdelar har man också i alla tider sett sig nödd att tillgripa en växlingsrikare och bredare om än tyngre form såsom hexametern, blankversen, alexandrinen eller rent av prosan. En musiker i våra dagar komponerar icke heller visor i egentlig mening, utan snarare orkestralt ledsagade och i växlande tongångar framåtskridande sånger, vilka verka som solopartier av en kör. Man må förtörnas häröver, så som man alltid rynkar pannan åt det närvarande, det säkra är att i ett modernt sorgespel förefaller en visa som en paus, en stunds vila, medan däremot tragiken i det ifrågavarande sorgespelet möjligen skulle kunna uttryckas med orkester och kör.

Trötta på orkestern säga vi därför: Kom hit, vackra Visa, och sätt dig hos oss! Du är lyrikens mest konstlösa stämma.

I själva verket är emellertid motsatsen förhållandet, ty visans konst är först och sist formell. Hon räknar sina anor ända upp från den eoliska sången vid cittra, och i sin mest utsökta dräkt är hon med sin refräng-artade och strängt bundna strofbildning en klangdikt, en kvarlevande syster till Sonetten och Rondeauen. Vilken rent formell genialitet besatt icke en Béranger? Och hur betecknande är det icke för den formella läggningen hos svenskarna, att nära nog alla deras stora nationalverk avfattats som samlingar av visor eller spridda sånger, ehuru detta naturligtvis också beror på det lyriska grunddraget i nordiskt lynne.

Visans plats är icke bland de vapenslamrande dunkelmännen nere vid dörren, vilka grubbla på inbillningens rätt att spränga eller omstöpa former och vilka stöta sina huvud blodiga mot muren för att få den att rämna. På dem kastar varje bordsgäst ett ben, ty det flammar beständigt ett villande sken av antågande barbari över alla förmenta eller verkliga nyheter inom konsten. Dunkelmännens upproriska värvaretal är icke för Visan. Hennes plats är under den dammiga baldakinen, där hennes kroknästa och vithåriga systrar Sonetten och Rondeauen sitta i guldkarmade stolar med lagerkvistar i sina knäppta, pepparbruna händer. Där sitter också hennes ålderstigna grevliga broder Madrigalen med det sista kärleksbrevet stucket i västen, och hennes långbenta neveu Trioletten, som alltid förblev en sådan spelevink, att han aldrig rätt kunde tjäna sig upp till något ärofullt ämbete i staten. Själv är hon den enda levande på hela purpurestraden, men hon är en av sällskapslivets mest firade skönheter och tillbringar sin mesta tid på soiréer och konserter eller allmänna förlustelseställen. Med en beräknande skicklighet, som förråder hennes världsliga härkomst, har hon klätt sig i en kysk gretchendräkt, vilken blottar allt, så att hon förefaller naken. Hon älskar att gå barfota på samma sätt som prinsarna av Borghese tycka om att visa sin ödmjukhet genom att påtaga kapucinerkåpa. Och vilken kvinna med vackra fötter skulle icke helst önska att få gå barfota! Lustvandrar hon i skogen, sker det för att svärma som det är högborna jungfrurs vana, och stiger hon med barmhärtiga gåvor inom stugdörren, krusas läppen merendels av ett lätt ironiskt leende. Hon höjer armarna, men icke mot gryningen, utan efter den sjunkande solen, efter klassicitetens aftonrodnad. Så mötte hon mig ofta under en vemodig aftonhimmel, och fast jag visste att hon i timmar lagt upp de oskuldsfulla lockarna framför spegeln, förtjuste mig hennes åsyn.

Hon, Visan, den skogsdoftande med linneorna i knäet, hon är alltså en dotter av klassiciteten, men dunkelmännen de äro de äkta germanerna. De äro söner av det andliga uppror, som bröt väg för en Beethoven och en Wagner, som dagligen ruskar på skrankorna och som under härjaretåget mot Rom

ständigt skall fylka en förtropp av bärsär-
kar, inbillningsmänniskor, stollar och —
just genom sin omedelbarhet — obegripliga
sfinxer.

En natt, då dunkelmännen sticka Visans
gamla stamhus i brand, skall hon sorgset
befrakta sina hänsovna fränkors jordiska
lämningar och utbrista: — Vilka stora skå-
despelerskor levde icke i min släkt! Sanner-
ligen, det vore evärdlig skada om ett sådant
blod skulle slockna med mitt. Deras tid var
dock en glansens tid med avmätta låter...
Uppror allena skall icke mäkta att bygga en
ny!

Därvid plockar hon nålarna ur håret,
och med en så blyg enfald ställer hon sig att
betrakta sina stackars bara fötter, att dun-
kelmännen, som följa riktningen av hennes
blick, plötsligt rycka henne till sig upp på
hästryggen. Och mitt ibland dem och stun-
dom med deras händer i sina skall hon rida
som en liten väluppfostrad och sirlig prin-
sessa.

VI.

För ögonblicket röjer sig en allmän benägenhet att reducera hellenismens och renässansens betydelse till minsta möjliga. Det finns nämligen icke ett brukbart vapen, som ej germanismen förr eller senare framletar och gör till sitt. Därtill kommer att judarna genomandas av en lika bjärt racemotsats till de klassiska folken som någonsin tyskar och angelsachser. Det var icke för intet som kristendomen vandrade ut från Judeens berg till att störta Rom, icke en slump att Spinoza kände sig dragen till kristna religionssatser eller att Lassalie, juden, avfyrade sina pilar mot den romerska rätten. I samma Ghettos ljusdunkel, där Rembrandt strövade fram och uppletade sina modeller, ha judarna suttit i långa och tunga år, och det som uttrycker deras lynne är icke marmorn utan musiken. Därför har deras intelligens också i åtskilligt bisprungit germanismen, medan åter, som redan blivit antytt, hela skaror av germaner tidvis stigit fram som klassicitetens ivrigaste försvarare och särskilt i hellenismens konst menat sig finna något av den folklighet, vilken i så många gestalter föresvävat deras egen skapande förmåga.

Det är obegripligt hur man någonsin kunnat kalla hellenernas odling folklig i modern mening. Var hon icke den mest aristokratiska som någonsin funnits och uppnådde hon icke just därigenom sin fullkomlighet? Där som allestädes uppammades konsten hos det kunniga fåtalet, men de kringmurade henne med stränga lagar, innan portarna stöttes upp på vid gavel. De släpade henne icke ned från sin försvarligt höga fotställning för att göra henne till en allmän rodocka, utan med aldrig tröttnande nit lärde de folket att förstå henne och tåga upp till henne såsom vi än i dag se detta framställt på parthenonfrisen. Endast på så sätt var hellenismen folklig och det må vi kalla en äkta aristokratisk folklighet, som verkligen lände folket till fromma. Vad gagn skulle väl det hellenska folket kunnat röna av att uteslutande se sitt eget liv, drastiskt eller karikerade skildrat med de bildades nedlåtande ironi? Det egentliga folket skulle därav ha skördat lika liten behållning som af de utsökta herdeidyller, vilka i ett senare skede vederkvickte Roms och Greklands blaserade patricier. Folket består af människor, och människor längta icke efter det, som de äga, utan det, som de umbära. Därför törstar

folket först och sist — om också omedvetet
— efter kunskap, efter förebilder och efter en
känslosam konst, som inskärper mildhet mot
gelikar och mot djur och växter. Med vilken
tvekan måste icke Ättikas lantman ha höjt
sin yxa i den skog, där var trädstam gömde
ett naturväsen, som skrattade och sjöng eller
snyftande anropade honom att leda vatten till
de torkade rötterna. Skatorna, vilka sladdra-
de på kojans takkrans, voro de förvandlade
pieriderna, som velat tävla med muserna.
Den sömnlösa näktergalen var den trogna
men bedragna Aëdon. Hussvalan var systern,
som Aëdons make hemligt gjort till sin kä-
resta och skänkt henne som slavinna. Men
den sköna ensamma fågel, vilken med sin
höga purpurtofs svävade över havsviken, var
kungadottern Skylla, som bestulit sin egen
fader på den röda hårtest, i vilken hela hans
konungsliga makt legat förborgad. Och hur
skulle icke vid skördetid kvinnorna uppstäm-
ma sin hymn, när de med korgarna samlades
under oliverna — gåvan av Pallas, som också
lärt dem konsten att sömma kläder! Kunde
de icke långt bortom slätten på berget urskil-
ja templet, där hennes heliga träd vaktades af

marmorjungfrur och vita murar? Naturkunskap, djup filosofi och uppfostrande historia framstormade i fyndigt försinnligade väsen genom var skogsdunge. Den klassiska folkligheten bestod i ett allmänt aristokratiskt höjande, icke i ett sänkande. Våra dagars folklighetsteorier påminna oss åter allt för mycket om konstens gamla svaghet att lätt bli ögontjänare åt de mäktiga. Folket har nämligen blivit en af jordens mäktiga, inför vilken det fordras långt mera mod att tala sanning än att smickra. Ett sådant smicker är det artiga påståendet att god konst genast skulle kunna förstås och njutas af alla. Till på köpet komma våra folklighetsteorier likafullt icke det bittersta själva folket till godo utan äro snarare blott en täckmantel för de bildades längtan efter likgiltiga förströelser. Vart skulle dessa teorier slutligen föra hän om icke till frambesvärjandet av en salongskomiker, vilken med sina grovkornigheter eller harmlösa krumsprång roade de rika, ett sockerverk, randat i allmogemönster med grädde och sirap och efter vars förtärande inga oroande grubblerier störde digestionen. Så länge man nämligen kan skratta åt folket, fruktar man icke. Annorlunda fattade de gamla profeter av Juda sin ställning till det folkliga.

Nästan ständigt spåras hos germanerna — exempelvis när de bedöma den italienska litteraturen, där en klassisk odling oavbrutet fortlevt i det bildade fåtalets hägn — ett nordligt ensidigt indelande i folkpoesi och konstpoesi som blottar, att de aldrig riktigt kunna helt förstå sydländskt lynne. De känna intet av den mystiskt hänryckta och nästan kvinnliga religiositet som där genombrusat de lärdaste strofer. De vilja aldrig tro att den innerliga kärlek till humanismen och den rörande vördnad för antikens skönhet, vilken kom Petrarca att med stolt ödmjukhet ringakta sina egna skapelser på italienskt tungomål, kan vara lika djup, lika äkta, lika ursprunglig och omedelbar som någonsin deras egen ärliga känsla för urmarken och stugan. Bundschuh I Bundschuh! Bundschuh! Det var alltid härskriet som i tusende återljud brusade över germanernas skaror, och på deras fladdrande dukar bevarades alltjämt den folkliga bindskons tecken, fast översömmad med sköldar och örnar.

En sådan folklighet kände icke hellenismen, och vilken aristokrat av renaste vatten förblev icke, trots allt, den romerska »populus», vilkens fröjdetjut från arenans översta bänkar dock förrådde så mycken vildhet! På arkitraven över hela den klassiska odlingens tempel kunde i sanning ristas de ord, vilka borde tjäna varje människa till valspråk: Var aristokrat i allt vad andligt nämnes, men var det i den bestämda avsikten att därmed ytterst gagna det allmänna!

Just därför att emellertid folkligheten varit germanismens hjärteblod och så ofta sprungit i dagen vid andlig pånyttfödelse, har den fått sina ekon och så småningom utdanat ett helt system av teorier hos nordborna alldeles som klassiciteten hos romanerna. Folkligheten kan därigenom icke blott medföra hälsa utan även strypa och i stället att längre med en för handen varande nödvändighet bryta sig fram genom konsten nedsjunka till en torr och reglementerad smaklära. Den faran ligger så mycket närmare som folklighetens andliga innehåll är tunt och lätt förbrukat, och särskilt ungdomen bör besinna, när den packar morgondagen ur sin ränsel, att snille icke brukar giva sig till känna i upprepningar. För ögonblicket kan folklighetsteoriernas nuvarande ställning till övriga rörelser inom filosofi och konst nästan jämföras med den, vilken klassiciteten för hundra år sedan intog gent emot folkligheten och nyromantiken och betecknar — som redan sagt — det konservativa. Vi behöva endast följa de nyare konstnärliga och filosofiska rörelserna inom germanismens gamla tyska moderland för att märka varifrån vindarna blåsa. Också England har på sistone utbildat en lika förnäm som utsökt dekorativ konst, och nästan allestädes spåras samtidigt en given böjelse för det avsöndrade och otillgängliga.

Låt oss nu till sist efterse hur dessa mer aristokratiska rörelser kunna sammanfalla med den demokratisering, som blivit germanernas mål. Vi skola därmed även finna det slutliga svaret på frågan om blomstring och förfall.

OM SVENSKARNAS LYNNE

Januari 1896

Svenskarna, skriver Johan Brovallius 1735, äro »en Trumslagerisk Nation med Fattigdom, Ape-högfärd och Puttelkrämeri». Vår litteratur vimlar av liknande utfall mot oss själva, och de mottagas alltid med öppen eller förtegen belåtenhet. Ingenting frukta svenskarna så mycket som att bli slagna på fingrarna med självöverskattning. Inom hela samtiden finns icke heller ett förnämare och mer vinnande folkdrag än denna nationella självironi. Hur på en gång blyg och stolt ter sig icke en sådan självförnekelse vid sidan av de andra nationernas förgudning av det inhemska!

Ett sådant inåtseende öga öppnas först hos en hög och gammal kultur och under skeden, då ett folks förmåga att skärskåda sina egna lyten och fördomar skärpes ända till ytterlighet, ja, till en tragiskt förstörande makt. Den svenska nationen liknar en vittberest gammal världsman, vilken varit med om allt och prövat allt. Han har mätt djupen i politikens orena flöden. Han har förbluffat Vatikanen med sina hermeliner och silverbjällror samt Versailles med sina älghudshandskar och kragstövlar. Han har ätit nådebröd hos sultanen och bjudit tyska borgare på springbrunnar av vin. Hans historia är brokigare än Karl Knutssons levnadssaga, och världsklok och allerfaren gnuggar han händerna och bugar och bugar. — Mina herrar, säger han till sina grannar, tilltro mig ingen betydelse. Jag är en gammal tok, och alla mina barn äro så fullkomligt obegåvade, att jag råkar i misstämning bara jag talar om dem. Jag begär ingenting, mina herrar, önskar ingenting, och ni skola därför inte heller begära något av mig!

Ett sådant självtvivel, hur vinnande det än kan synas, leder ofelbart till undergång. Väl kan ett mer storartat slut aldrig vänta ett gammalt folk än att med vetandets mogna frukter i knät och självanklagelsen på sin mun sluta ögat till sömnen; men det är livets lag att rygga tillbaka vid ättestupan, och svenskarnas lynne är ännu för rikt på möjligheter att den genomskinligt kalla dager, i vilken de betrakta varandra, nödvändigt skulle vara höstens. Underskattandet av det inhemska har sin skugga och medför ett fördärvligt och löjligt överskattande av det främmande. Svenskarna förtiga artigt, att det utland, inför vilket de så gärna böja sina huvud, är ett Utopia, som endast finns till i deras egen självkritik. Skillnaden mellan Sverige och de stora kulturlanden är förnämligast en portmonnäfråga. De äga blott i massa vad vi äga styckevis. Där vi skjuta med en kanon, skjuta de med fem. Där vi ha en Berzelius, ha de två — och långa tider ingen. Frampressa ur de stora kulturlandens odling själva dess quinta essentia och pröva den vid sidan av det förnämsta, som vi under de sista trehundra åren frambragt inom naturforskning, diktning och konst samt vid rådsbord och på slagfält. Jämförelsen utfaller icke till vårt men. Med sin eldsjäl är Tegnér såsom andlig typ ännu intressantare än Goethe, vilken väl är den metafysiska lyrikens oomtvistade konung, men vilkens självbiografiska skrifter förblekna vid sidan av de tegnérska breven.

Vilken ryktbarhet skulle icke omstråla Sergel, om han åtminstone bott med sin hushållerska vid Östergade! Endast på filosofins byggnad saknas en svensk minnestavla, och likt italienarna ha vi i poeterna haft våra filosofer. Till och med den hetkindade Fredman, som väl aldrig drömt att eftervärlden skulle märka grubblarens panna under vinlövet, har med shakespearesk hand samlat sina epistlar till en världsåskådning. Våra yrkesfilosofer äro dilettanter och ingenting mer. Tidigt intvungna i ämbetsmannens rock, ha de aldrig vågat draga konsekvenserna, aldrig vågat uppställa ett subjektivt grundpåstående. De ha från början sett sig nödda till en dogmatisk kompromiss, som omöjliggör allt filosofiskt tänkande. Här stå vi åter framför portmonnäfrågan. Den fylligare utveckling, som endast penningen och ett bredare personligt liv mäkta skänka, har endast sällan förunnats Sveriges söner. Vi få mindre döma svenskarna efter de skördade frukterna än efter den löftesgivande blommen.

De stora kulturlanden besitta ej ett fullkomligare samhälle än vi, ej färre köpta röster och firade nollor, ej mindre av fåkunnighet och mörker. Våra städer överraska genom sin ordning. Våra sjukhus äro mönstergilla, våra kirurger stå på höjden av sin tid. Alla uppfinningar, alla kulturens yttre hjälpmedel ha vi förskaffat oss, och alla andliga strömningar äga vårt öra. Medkänslan för djuren, som närmast vilar på ett upplyst omdöme, står hos oss högre än på kontinenten, om också i fråga om slakt en låg grymhet ostraffad ännu är rådande. Låt vara att åtskilligt omkring oss synes lumpet och futtigt. När parisaren eller berlinaren äger vår självkritik, betraktar han dagens händelser med samma känsla, ty alla lokala intressestrider och vardagliga tilldragelser få oundgängligt samma tarvliga drag. Det finns ingen tid och ingen ort, där ej detta varit förhållandet. Vistelsen utomlands vederkvicker, emedan vi där bättre kunna avsöndra oss och bestämma över vår dag. Oinvigd i veckans småaktigheter märker resenären ej dessa. Han strövar kring bland samlingar och slott, bland bibliotek och teatrar och betraktar ett folks hela historiska liv i stället för det tillfälliga. Det är just hans främlingskap som öppnar den vida och imponerande överblicken. Res därför gärna och res så länge, att du vid hemkomsten likt Odyssevs icke igenkänner din egen fädernekust! Dess mäktigare skola linjerna lyfta sig. Varför skulle också massor av hus, massor av droskor, massor av poliskonstaplar göra ett mer kulturellt intryck än t.ex. Linnés tysta Hammarby? Det finns både Eldslandet och Hellas inom Stockholms tullar. Var helst du inrättar din kammare med dina böcker och dina papper, kan du lika väl känna dig i århundradets kulturcentrum som satt du på hôtel Continental vid Tuilerieträdgården.

Det är betecknande, att till folkhjälte icke korats den gamle kung Gösta, svensken av oblandat blod, befriaren, »som hela vårt Sverige murat från grund och till tak», utan Gustaf Adolf, den lysande och mer kosmopolitiske triumfatorn, vilken stred och blödde utom rikets gräns. Den hemförda lagern synes svenskarna ypperst, och liksom schweizarna drog bort för att vinna guld, gå nutidens svenskar till utlandet för att vinna rättvisa. Utlandet har upphöjts till högsta auktoritet, och dock veta vi alla, hur grunt ett främmande öga måste betrakta vårt inre liv och särskilt de yttringar därav, som samlas i skrift och bild. När för ett antal år sedan en svensk-fransk historiemålning belönades med ett högt utländskt pris, hälsades den här hemma med ett stormande jubel, i vilket några förståndiga invändningar spårlöst drunknade. Däremot hördes icke något dylikt folkjubel framför Rosens underbara »Den förlorade sonen» och än mindre kring de många obetitlade konstnärer, vilka icke fått sina verk avstämplade utom riket. När Cederströms »Karl XII:s likfärd», vilken i kompositionens kraft närmar sig Höckerts

»Slottsbranden», trots utländsk berömmelse möter köld, måste detta tillskrivas att ämnet avhandlar svensk historia. Vilken ung flicka som helst kan spela Grieg, medan det finns djupt begåvade svenska tonsättare, som hon knappast känner till namnet. Om du frånser den dramatiska diktningen, sitta våra grannfolk för tillfället knappast med trumf ess i en enda givning. Vi stå dock mer okända för dem, än de inför oss. Till och med deras bästa huvud säga sig blott med svårighet läsa vårt språk, medan även de dummaste svenskar obekymrat förstå deras bygdemål. Sverige blir en styvmoder mot sina egna för att visa sig dess givmildare mot främmande. Till och med den lille Francois Coppée har i ett svenskt blad utnämnts till mästare, och gömmer sig på en svensk badort en parisisk småborgare med sin feta älskarinna och kallar henne madam, tävlar hela societeten om sällheten att få lysa med sin knaggliga »frangska». Allt sedan Lucidor, har Sverige fött talanger utan att bekymra sig om deras växt, under det att vilken liten utlänning som helst överhöljs med hedersbetygelser och löjlig ära. Sverige omhuldar icke begåvningen utan stryper henne med skuggrädsla, avund och ämbetssysslor. Självunderskattandets röta breder sig vida. Det finns icke en avkrok i Europa, där fosterlandskärleken ligger så död bakom ihåliga ord som hos oss, och det finns ingen Medea, vilken har sin mördarekniv så sölad av egna söners hjärteblod som Sverige.

På Norrlandsgatan flammar om aftnarna en präktig transparang med den odödliga påskriften: Utländska lumpaffären. Man liksom tycker sig känna hur mycket härligare de utländska lumporna måste vara än de föraktliga svenska. Samma transparang borde sättas ytterst på hamnpiren i Malmö för att säga den landstigande främlingen, vart han kommit.

•

Svenskarnas lydnad för lagarna och deras sällsynta pliktkänsla göra dem gärna sedda, var helst de slå upp sina bopålar, och deras vördnad för ålderdomen leder tanken mot forntiden. Brist på konservatism är likväl det svenska lynnets största svaghet. Liksom självkänslans slocknande är frånsidan av de mest vinnande egenskaper, så är också svenskarnas brist på konservatism frånsidan av deras mottaglighet och smidiga fattningsgåva. De sakna helt och hållet den konservatism, utan vilken ett folk aldrig kan göra en påtaglig insats i det allmänna kulturarbetet. Till och med Japan och Kina ha blott och bart genom sin oföränderlighet, åtminstone estetiskt, lämnat sin skärv. Svenskarnas ytterliga modernitet, deras rastlösa brådska att tilläg-

na sig alla nyheter äro just egenskaper, som
i våra dagar göra dem mer än rättvist obe-
märkta. De äro den germanska rasens mest
kosmopolitiska och moderniserade nation.
De synas därför lika alla andra. De äro en
spegel, i vilken utlänningen dunklare eller
tydligare igenkänner sig själv. Den djupa obe-
stickliga utveckling inifrån, vilken för ett folk
är lika fruktbringande som för individen och
dagligen slår klingande mynt av lynnets
alla möjligheter, står dem ödesdigert fjärran.

Deras byggnader, deras seder och bruk
sakna nationell prägel och beteckna blott
summan av det för tillfället modernaste. I
hela riket finns måhända icke en enda orörd
byggnad från medeltiden, och en främling
utan kunskaper skulle kunna anse Sverige
för ett nytt land utan historia. Den allmänna
storstadsstilen nedtränger med snabbhet till
landsorten, bland vars nytimrade paradhus
du svårligen skall kunna återfinna en liten
småstad från din farmors förlovningsår. Res
i stället till Danmark, och bakom de små
fönsterrutorna, där de vita gardinerna och
krukväxterna nyfiket skjutas åt sidan, fram-
titta vänliga, underbart gammalmodiga hu-

vud med stärkt mössa och benat pannhår, och du skall förstå, att tidens hjul där rullat långsammare, och att det danska folklynnet, trots allt, i grunden är mer konservativt. Vill du höra munkarna sjunga mässan med samma ord och i samma tro som vore den heliga Birgitta ännu på vallfärd till Rom, behöver du endast begiva dig till Tyskland. Där kan du ännu få bäddas på gammaldags vis med ett bolster istället för täcke, och där bjudas dig de mjöltunga rätter, på vilka ingen ätit sig sjuk i Sverige sedan din stamfars gravöl. Framför portvalvet till Stollberg, det sovande slottet i skogarna på Harz, vakta än i dag femtonhundratalets hillebardierer, och runt borgen ser du de bevarade medeltidsgåtor, som du förgäves söker i Vadstena. I Lübeck träder du under den gamla stadsport, som ännu borde spegla sig i Norrström. Vill du pröva den klövjesadel, i vilken stolts jungfrun, kringsvärmad av stigmän, red till gillet, begiv dig till Tyrolen — och vill du skaka hand med själva stigmännen, då kan du träffa dem i det gamla kulturlandet Italien. Önskar du torka din kappa framför elden i kung Adils ryggåsstuga, då leder vägen upp till Norges konservativa odalmän. Kort och gott, söker du konservatism, så res vart dig lyster, blott icke inom Sveriges gränser. Allt, som kan kallas modernt, särskilt allt, som kan öka bekvämligheten och lyxen, tillägna sig svenskarna däremot med svindlande brådska. De äro kinkigare på tobak än paschorna i Stambul. De äro större vinkännare än provencalarna, och inga lorder kunna sakrikare bedöma en konjakssort än ett par stackars skuldsatta svenskar, vilka nyss lämnat föräldrahemmet.

Om denna modernitetsjakt ådagalägger brist på motståndskraft, är den, som antytt, dock så innerligt sammanvuxen med det svenska lynnets yppersta egenskaper, att icke ens den mest ingående granskning skulle mäkta att till fylles särskilja skugga och ljus. En nation, som genom sina regenter, sina långvariga krig och genom immigranter under århundraden stått i så livlig beröring med utlandet, kan icke bevara många särdrag, och påtagligen har motståndskraften likväl varit större än i förstone kan tyckas. Hur snabbt ursprungligheten uppblandas, visa oss närmast norrmännen, vilka genom sin kon-

servatism och sitt avsöndrade läge visserligen
nyss vid en för dem gynnsam tidpunkt skapat
en nationell litteratur, men hos vilka berö-
ringen med utlandet redan orsakar en märk-
bar förtunning och avmattning.

Hur ofta betecknas icke emellertid svensk-
arna såsom stillastående och konservativa!
Denna villfarelse orsakas närmast av deras
tillbakadragna tystlåtenhet. Svenskarna fruk-
ta nationellt offentligheten på samma sätt som
denna fruktas av en bildad privatman, vilken
kan tänka åtskilligt, men skyr att predika det
på torget. Tidningarna äro ingalunda ett ut-
tryck för de bildades verkliga meningar. Spö-
rj däremot mellan fyra ögon vid taffeln våra
statsmän, våra lärda, våra konstnärer och ta-
langer inom alla riktningar, och svaret får en
helt annan klang av skepsis och fördoms-
fri uppfattning än när det uttalas till allmän-
heten. Svenskarnas höga upplysning är icke
offentlig utan den är en offentlig hemlighet.
Detta medför en nihilism och en demoralise-
rande dubbelhet, som erinra om förhållanden
i despotiskt regerade land, och som utmynna i
likgiltighet. Vem som helst vet, att det offent-
liga uttalandet om en fråga, en ny bok eller en

tilldragelse har föga att skaffa med det, som man i själva verket tänker. Allting blir lika bra och lika dåligt, och blott det utländska har rang. Åter se vi här ett aristokratiskt drag, och åter se vi, hur lätt ett sådant förbleknar till en svaghet, som lämnar spelrum åt den lumpnaste egennytta och feghet. Denna ömsom klandervärda, ömsom världskloka och överlägsna tystnad måste mer än något annat göra oss svårförstådda inför yngre nationer, som ännu skriva på sin Atlantica.

Ingen missteckning kan vara grövre än den, vilken framställer svenskarna som skrytsamma pratmakare. Storordiga chauvinister bullra visserligen också i Sverige, men icke bland de andligen framskjutna, som hos många andra folk, utan bland nollorna. Vill du höra en riktigt urmodig patriotisk gaskonad, res då till de stora kulturlanden! Till och med bland storhetstidens flygande fanor kännetecknas svenskarna av en viss tillbakadragen och blyg tystlåtenhet. Den trycker sin stämpel på vårt liv och våra nationella fester, vilka sakna poetisk djärvhet samt anordnas för ämbetsmannamässigt och fantasilöst och förfela därigenom sin verkan. Vi

äro för blyga för att någon bland oss skulle
våga uppträda med handlingar eller förslag,
vilka kunde uppfattas som ett personligt ja-
gande efter uppmärksamhet. Därför blir allt
för torrt och formellt. När Hugo jordades,
stod om natten hans kista under den napo-
leonska triumfbågen, omgiven av brinnande
fyrfat. Vi däremot vågade nyligen icke ens
resa en grift i Djursholms skogsdungar eller
i vår stad åt en av våra avsomnade diktare.
Vilken svårighet hade det varit att insamla
hundratusen kronor och bygga hans mau-
soleum under lindarna i Humlegården! Var-
för gjorde vi det icke? Därför att vi var för
blyga. Samma skygghet breder sig över vår
politik och våra reformer. Vår modernitetsi-
ver låter ingen känsla binda oss vid det gam-
la och hävdvunna, men vi hållas tillbaka av
vår skygghet, stundom också, vår erfarenhet
och skepsis, och det sammanhänger rent av
med vår tillmötesgående hövlighet att vi ej
gärna slå av varandra huvudet i onödan samt
att reformernas man alltid först framträder
i elfte timmen. Så har det varit från Engel-
brekts dagar allt intill nu, och denna lång-
samhet, vilken rymt så mycken plikttrohet

och heder, men även själviskhet och gladlynt lojhet, är konservativ blott till skenet.

Icke heller äro svenskarna konungskt sinnade. De fasthålla vid ett monarkiskt statsskick, emedan det tills vidare synes dem ändamålsenligast, men de sakna den känsla för »legitimiteten», vilken väl måste anses som rätta märket på ett monarkistiskt lynne. Statsvälvningen 1809 åsågs med största lugn, och ej långt efteråt valdes utan betänkligheter en utländsk revolutionsgeneral till konung. Under Sturarnas riksföreståndareskap hade vi republik, och efter det nattliga skottet vid Fredrikshald bultade åter republiken på rikets port. Den hängivenhet, som många svenska konungar förmått väcka, har påtagligen mer framkallats av deras personliga egenskaper än av kronans glans, och en andligt och kroppsligt underlägsen furste skulle än i dag möta samma ovilja som fordom Kristofer av Bayern. Både i Danmark och Norge skymtas ofta bortom dagens fejder en naivare tillgivenhet för regenthuset såsom sådant än hos oss. Vid den senaste silverbröllopsfesten i Köpenhamn flammade på mången småborgares transparang ett: »Gud välsigne vårt älskade kronprinspar!» Något dylikt skulle alldeles icke ligga för stockholmarna. En framstående norsk målare skildrade en gång i ett stockholmsbrev en droskkusk, som ideligen talade om kungahusets medlemmar med titeln deras kungliga högheter o.s.v. Droskkusken var utan tvivel en förklädd kammarjunkare, ty utom vid tilltal användas dylika titlar endast inom hovkretsar och ej heller ständigt där, alldenstund den svenska hovetiketten är synnerligen otvungen och fri. Den, som söker en strängare, får uppvakta i Amalienborg. Dessa smådrag anföras endast för att påpeka, hur genomgående grannfolken missförstå svenskt lynne och hur föga de känna det.

Med större fog kunna de kalla svenskarna ett ämbetsmannafolk, ty ämbetsmännen lyfte redan tidigt huvudet högt och samlade makten på sitt bord. Till och med inom rent andliga uppgifter såsom inom forskning, vitterhet och konst medför en ämbetstitel än i dag en viss oantastlig auktoritet, som vore snillet ett givbart privilegium. Vad är då en ämbetsman? I vanliga fall en person som behöver en anställning för att kunna leva och följaktligen ingenting märkvärdigt. Emellertid kan den självdisciplin och måttfullhet, vartill han blir nödgad, omöjligt frånkännas civilisatorisk betydelse. Till och med i östligare riken, där han förvandlas till en blodsugare och ej ledes av skandinavens ansvarskänsla och i regeln omutbara hederlighet, fyller han en kulturell uppgift, som samtiden merendels underkänner. Det svenska ämbetsmannaväldet har utan tvivel varit både den naturligaste och för nationen gagneligaste bryggan från det förflutna till det kommande. Vill du emellertid beskåda riktigt urmodiga och glorvyrdiga ämbetsmän i peruk och talar, sök dem då ej längre i det moderna Sverige utan i de stora kulturlanden!

•

När historien rannsakar de meningsskiljaktigheter, som i följd av olika inre förhållanden trängt sig mellan de båda brödrafolken och som ingen unionsform kunnat förebygga, skall hon säkert medgiva, icke blott att stats-

chefen utvecklat en större politisk skicklighet
än kanske de nu levande i allmänhet till fyl-
les förmå uppfatta, utan även att två folk, de
många förflugna orden till trots, sällan mött
varandra i en fejd med så mycken inre akt-
ning och så pass ren sköld. Svenskarnas aris-
tokratiska sinnelag har icke såsom norrmän-
nens sammanfallit med tidens demokratiska,
men detta är tillfälligt och får icke tydas som
ett varsel om slocknande livskraft. Sverige
har haft sitt tyska skede och sitt franska, men
det halvt amerikanska, som under århundra-
dets senare hälft gått över världen, kan i ett
så motsatt lynne som det svenska endast al-
stra en tistelskörd.

Den långa freden har förvandlat de kri-
giska svenskarna till köpmän med välståndet
till mål. Välstånd, det är borgerlig epikure-
ism. Tidningarna utvecklas mer och mer till
affärsföretag, som spekulera i politiska kon-
junkturer. De beryktade riddarhustalen, vilka
i sin retoriska ståt alltid bars av den svenska
kärleken till det storslagna och upphöjda,
ha tystnat. Adeln har blivit en borgarklass,
hos vilken lyxen icke längre medför någon
trängtan till intellektuella förströelser. Sverige

har hemfallit åt en materialism, vilken, blottad på allt idéinnehåll och på varje annan känsla än egennyttan, undergrävt vår auktoritet och vår sista återstod av självkänsla. Det blir för en sådan tid ett livsvillkor att arbeta på nationalkaraktärens och den fäderneärvda odlingens förfall. Materialismen söker hos de latinska folken en motvikt i det sköna, hos de germanska och anglosachsiska i fromleri. Också se vi, att i Amerika penningemarknadens hänsynslösaste hövdingar oftast äro pietister. Varken krig, envälde eller frihetstidens subsidier har vågat ett sådant anlopp mot vårt lynne och våra kulturella traditioner, som de senaste decenniernas förvärvstörst och fromleri. Sverige har förlorat sin blygsel inför framtiden, men det kommer en dag, då de kvarlämnade tidningspackorna brytas och historien sitter till doms, och då skall tilläventyrs en eller annan av mina herrars sonsöner icke finna någon avsevärd grund att påpeka släktskapen.

Sedan hedenhös är svenskarna böjda för religiositet, om också reformationen hos dem liksom hos deras stamförvanter närmast var av sedlig och politisk natur. De i Sveriges hävder mest framskjutna religiösa personligheterna, såsom Birgitta, bröderna Petri och Swedenborg, bära dock alla det svenska draget av måttfulla kulturmänniskor, och de inkomna råa bildstormarna jagades ur landet. En Knox eller en Calvin skulle med sin mörka fanatism icke ha vunnit svenskarna. Det moderna fromleriet får därför ej till alla delar jämställas med »den oskrymtade gudsfruktan» hos våra fäder, vilken gärna såg ett filosofiskt arbete vid sidan av bibeln eller vilken i fall av verkligt bigotteri, såsom bland de olyckliga krigsfångarna i Ryssland, åtminstone icke valde en alltför avlägsen ståndpunkt från den allmänna bildningsgrad, vartill fäderneslandet då hunnit. Även minnas vi den ovilja och stränghet, med vilken Karl XI och hans frejdade son från första stunden mötte den pietistiska rörelsen, och den senare var mot slutet av sitt växlingsrika liv på god väg att omdanas till tvivlare. På botten av protestantismen ligger en ovig träklubba, som i sekterismens hand visat sig tjänlig att svinga mot högre kulturella traditioner, men vilken de upplysta sällan nedlåtit sig att gripa. Den klubban passar illa i det svenska lejonets ramar. Ett geni kan möjligen bli katolik, läsare aldrig, och den ridderliga och aristokratiska färgen över svenskarnas inre och yttre liv kan aldrig sammansmälta med en åskådning som lämpar sig för de norska fjälldalarnas bondebefolkning eller Västerns farmare. Därför blir hos de bildade det moderna fromleriet ett avfall från svenskt lynne. Eftersträva nutidens bildade svenskar ett religiöst formulerande av känslan, måste de samlas ungefär kring den rydbergska ståndpunkten. Om pietismen har ett uppfostrande inflytande på de obildade, förvandlas den dock till ett förtryck, när den likt en kvav dunst från kojan och bönehuset stiger upp till de bildade och sätter de förra klassernas okunnighet till censor över en gammal nations förädlade odling. Alldenstund pietismen hos de djupare leden upprinner ur grubbleri och ideella krav, behövde den dock aldrig i och för sig bli en fiende till högre intellektuella värv utan kunde gott tänkas såsom dessas folkligare syster, så framt ej agitatorernas härsklystnad beredvilligt ledde floden över den naturliga strandbädden.

En tid som den beskrivna kan endast betrakta konsten med samma misstro som den, varmed glädjeflickan ser sig om efter prästen. Det närvarande är hos oss icke utan likheter med det trumpna tidevarv, som i England avlöste Shakespeares och Elisabets.*) Istället för att arbeta på smakens höjande sänker sig mången tidning under publikens nivå och vidmakthåller det groll mot den inhemska konsten, vilket egentligen först frammanades under åttiotalets tvister, men vilket långt efter dessas bortdöende fortlever som en vana. Vill någon för närvarande kasta sig över ett konstverk med de orimligaste beskyllningar, kan han alltid räkna på ett tacksamt följe. Att vetenskapen står jämförelsevis skyddad, om också på långt när ej efter förtjänst uppskattad, beror uteslutande på dess mer ämbetsmannamässiga ställning. Visserligen har Svenska Akademien genom minnespenningar och gravstenar och genom hela sin ställning givit litteraturen en oundgänglig statslig bekräftelse och i det hänseendet varit till ett verkligt, erkännansvärt gagn, som vittnar om stiftarens blick för svenskt lynne. Samma

---

* De tre år, som förflutit sedan detta nedskrevs, ha dock redan medfört skönjbar omgestaltning.

bekräftelse har konstakademin förlänat de bildande konsterna. Lika fullt röjer sig mot alla estetiska skapelser ett skadeglatt hat, vilket urartar till pöbelaktig likgiltighet för allt djupare själsliv. Polemiska diktare ha beständigt mött motstånd i alla land. Garborg utropar mitt i det vittra Norge, att han icke kan leva annat än i en fjällhydda uppe vid snögränsen, och Kristiania målas av skriftställarna i färger, som icke väcka reslust. Björnson och Ibsen ha nödgats att tillbringa långa tider av sitt liv i fjärran land. Shelley, Byron och Heine dog i landsflykt. En allvarligare inblick i det germanska och anglosachsiska sinnets hemligheter kan till och med skönja vissa sympatiska grunder för denna jungfruliga och till skuggrädsla stegrade ovilja mot våldsammare konst. Men allt detta räcker icke att förklara de närvarande förhållandena i Sverige. En sådan obeläsenhet, en sådan förkärlek för det medelmåttiga som hos våra bildade klasser återfinner man på sin höjd i det stora kulturlandet Tyskland — våra författares Kongo. Kanske återfinner man också något liknande inom många kretsar i de andra stora kulturlanden, men säkert icke hos något av våra grannfolk, och den plebejiska enfalden pryder icke förädlade germaner. Våra stora klassiska skalder ligga förgätna, Bellman lever endast på sina melodier, och nyare vitterhet och konst betraktas ungefär som en icke straffbar förbrytelse. Knappast något ådagalägger klarare än detta, med vilken hissnande snabbhet svenskarna i följd av sin brist på konservatism böjt sig under det införda dyrkandet av de materiella »intressena» och hur instinktivt dessa »intressen» frukta en återvaknande nationell självkänsla. Det nuvarande har sin närmaste förebild i frihetstiden, och liksom denna föll för en återväckt självkänsla, så skall också en gång vår tid förgöras av samma korrigerande makt.

Ovillkorligt framtränger emellertid i våra dagar den frågan: sakna svenskarna estetiskt sinne? Att deras ytterliga frivolitet i tal och skämt sedan gammalt har sin naturliga motvikt i kärleken till det sentimentala, då det gäller dikt och bild, bevisar ingenting; men väl finns förutsättningen till estetiskt sinne i den forntidsaktiga inbillningskraft, som varit själen i deras historia. Så snart gustavianerna

återväckte nationens självkänsla, slog inbill-
ningen på nytt i ljusan låga, och tronföljar-
valet i Örebro, vilket väl får betraktas som
svenskarnas senaste historiska handling av
nationell inbillningskraft, står vår tid ännu för
nära att behöva bli den sista. Den inbillning,
som tömmer sin styrka i handling, söker inga
andra utvägar, men knappast hade svenskar-
na på allvar stuckit huggvärjan i skidan, inn-
an hos dem uppblomstrade en vitterhet, vil-
ken i oöversättlig och följaktligen av andra
oförstådd lyrisk skönhet vida överstiger allt
vad våra grannfolk ännu haft att bjuda intill
dag som är. Frånvaron av en fylligare drama-
tik är ingalunda ett tecken på bristande inbill-
ning, ty en rörlig inbillning spränger snarare,
liksom känslan och reflexionen, konstruktiva
helhetsbilder. Också bär den svenska dikt-
konsten övervägande en »fantastisk» prägel,
och typiska äro en Almqvist och en Lidner,
vilken senare förenar alla de tre väsentligaste
kännemärkena: inbillningskraften, sentimen-
taliteten och formalismen. Låt oss däremot
tillstå, att svenskarna sakna konstruktiv för-
måga, och att detta möjligen står i förvant-
skap med deras brist på filosofi. Men månne

icke betydelsen av det konstruktiva härvidlag i allmänhet skattas för högt?

Fransk smak och en förfinad kultur ha ingivit svenskarna en böjelse för formalism, som egentligen står i strid med deras rörliga inbillning. Vi träffa här ånyo en av de många motsägelserna. De flesta svenskar uppfatta icke konstverket som blott och bart ett medium utan som ett prydnadsting, vars värde ligger i den formella korrektheten. Särskilt har rimflätningen blivit allt för tvungen, ehuru svenskan därvidlag har mer att lära av befryndade språk än av avlägsnare och mer rimrika. Skriven av svensk hand skulle Per Gynt anses vårdslös och formellt misslyckad, och endast därför att boken författats av en norrman kallas de många nyckfulla rimmen »urkraftiga». Allra minst ha vi någon grund att klaga på »Stockholmsrim», så länge vi med nöje läsa bygdemål. Det finns intet riksspråk för inbillning och känsla, och »Stockholmsrim» ha sedan gammalt skrivits av stockholmarna. Det finns ej ens något skäl varför vi icke skulle återupptaga det vokala fornrimmet och än i dag med fiskaren vid Tynnelsö rimma »Lerbak» och »bispens fat».

Det tyska språkets yppersta diktverk äro sida efter sida så översållade med frankfurterrim och oäkta rim, att just dessa giva den egendomliga prägeln åt stilen. Är det icke svenskarna nog om de rimma jämbördigt med Goethe? Formell styrka det är pregnans! Dessa halvt skämtande ord äro mer än en polemisk snärt för dagen. Det må till och med ifrågasättas, om ett sparsammare bruk av rimmet ej skulle vara mer överensstämmande med modersmålets karaktär. Vårt brokiga lynne skulle dock förneka sig självt, om det ej också länge sedan givit oss många både orimmade och underligt spunna dikter, vilka säga oss, att lämna svenskarna formalismens farvatten, så besitta också de en tillräckligt »urkraftig» arm att styra efter ännu oupptecknade stjärnor.

•

För hellener och romare uppenbarade sig den högsta landskapliga skönheten i den lummiga havsstranden. Långa tider förgingo, innan fjälltrakten förmådde ingiva annat än fasa, och först vår tid har ovan bergsstupornas hissnande prakt upptäckt stillhetens och den överjordiska klarhetens majestätiska skönhet, vid sidan av vilken havet med sin döda synrand och sin tunga luft faller till föga. Det svenska landskapet har alla trappsteg från hav till snöfjäll. Det är en lika brokig mosaik som det svenska lynnet och lika svårt att överskåda i samlade linjer. Men märk missförhållandet mellan uppsvenskarnas håg för det storartade och det täcka, i oändliga enskildheter splittrade landskapet! Inbillningen söker på alla sätt överskyla denna tvedräkt. Furorna diktas skyhöga. Förvägna klippor hänga över dånande forsar, och skären, som skalden befolkar med mörka vikingagestalter, bli underliga öar utom civilisationens råmärken. Sin olustigaste uppsyn visar det svenska landskapet i disiga sommardagar, då blåsten vänder löven aviga och markerna bli grå och liksom överyrda av allt det damm, vilket århundraden hopat i ämbetsverk och spannmålsbodar. Det var bestämt på en sådan dag som gamle kung Gösta trätte om sina laxfisken.

Ingenting förkättra svenskarna dock så gärna som det nordiska klimatet. De växlande årstiderna bjuda en vederkvickelse och förströelse, som sydlänningen saknar, och vända vår uppmärksamhet mot naturen. Vi ömsa landskap och levnadsvanor fyra gånger om året utan att behöva förflytta oss, och vi vänja oss att granska himmel och luft. Skönast är senhösten, hemmets och det andliga arbetets årstid, då brasan brinner, då dagarna bli allt kortare, vägarna allt tystare, och då julgranarna tåga upp på torget. Det är årets högtidligaste och mest obeskrivliga stund, då den första snön börjar falla och hela folket bereder sig till den gamla midvintersfest, som mindre gäller den återvändande solen än den egna härden och känslan för själva det ärvda landet.

Det svenska lynnet har i sin splittrade mängd av detaljer alltså likhet med landskapet. Medan våra grannfolk ofta kunnat karakteriseras i några få ord, är svenska lynnets psykologi så fullt av motsättningar och så skiftande, att ingen någonsin lyckats att sammanföra färgerna till en helgjuten bild. Det enda nordiska folk, vars odling i många stycken kan upptaga en tävlan med den svenska, är de intellektuellt anlagda danskarna, men deras yttre historia har icke samma äventyrliga resning och icke samma egendomliga särdrag som tidvis svenskarnas — den utländska beblandelsen till trots. Mörka och nedtryckande skuggor ruva över nutidens Sverige, men intet kan vara falskare än att lägga ett par decennier till grund för bedömandet av ett folk med tusenårig odling. Svenskarnas lynne är dotter av en erövrare, som tagit sin brud i främmandeland, och ögat skiftar från kallaste blågrått till den låga, vilken måste ha fladdrat i Aladdins lampa, när han lyfte henne ur den underjordiska nischen för att med hennes bistånd varda sagornas hjälte. Ytterligheterna slingra sig om varandra som i Kanaan öknarna och vingårdarna och som taglet och guldet i Väringarnas mantelsnodd. Snikenhet och slösaktighet, världsklokhet och överdåd, tröghet och inbillning — allt ligger där sida vid sida som i en gammal slottssamling hemförda konstverk och krigsbyten stå uppställda mitt bland stenyxor och flintspetsar från hedenhös. Du hinner knappast tillräkna svenskarna ett fel, innan du märker att det är en dygd, och knappast en förtjänst, innan du upptäcker, att den är ett lyte. Detta lynne avskuddar dock aldrig den utländska påklädseln mer än en gång och visar sig aldrig i full nationell självständighet mer än en gång: det är i karolinernas tid, och därför är denna i ännu mycket högre grad än det trettioåriga krigets förtjänt att utforskas, vördas och besjungas.

Sådant svenskarnas lynne gestaltat sig, är det Skandinaviens rikaste och intressantaste — ehuru underskattat av grannfolken och förnekat av sin egen tunga.

KARL XII OCH DET TRAGISKA

Några anteckningar under nedskrivandet av karolinerna

Långt ifrån att för alltid bortlyfta Karl XII:s bild ur folkfantasins pantheon ha de senare årtiondenas historiska undersökningar tvärtom tänt en ny fackla över hans huvud. Sinclairvisans kämpe, soldatkonungen, hjälten med den smärta ynglingaväxten fylldes redan av Geijer med ett andligt innehåll. Ögat flammade icke längre enbart av det krigarmod, vilket lämnade Lagerbring och flera av upplysningstidens män kalla, utan även av själ. Med den orubbliga tron på sitt värvs rättfärdighet blev konungen en sinnebild för den sedliga styrkans kamp mot det lumpna och väl också för personlighetens och dådlustens rätt gent emot nyttighetsläran. Därmed begynte även hans olyckor att få en minst lika

stor betydelse som de segrar, vilka man till-
förene helst älskade att dröja vid. Redan be-
nämningen hjälte pekar med oerhörda krav
mot en strid mellan ljus och mörker, och likt
själva Herakles måste varje sann hjälte i följd
av livets lag dö i olycka. En belönad hjälte,
det är en neutraliserad kraft, ett oting, ett
ingenting. Hans ansikte förskönas icke av
stolt burna oförrätter och han blir männ-
iskorna likgiltig. En hjälte, som ligger utar-
mad, övergiven och dräpt, först honom vill
jag kalla en sann hjälte inför både fiende och
vän. Hos Tegnér förblev Karl XII alltid först
och sist den frimodige ynglingen från Narva,
men Geijer fördjupade hela hans betydelse.
Utan att kanske själv besinna det, räddade
han Karl XII åt framtiden genom att inviga
honom åt tragiken.

Ännu tedde sig hans gestalt dock för plas-
tisk och fullkomlig för den rätta tragiken. Då
kom Fryxell med sin rannsakning. Han kun-
de icke, han borde icke fria, och med skärpt
röst uppläste han domen i folkets namn, men
kanske anade han icke att det endast var en
avrättning in contumaciam, vilken just rik-
tade den anklagade med den skenbara eller

verkliga blandning av gott och ont, som är den nödiga grundvalen för en tragisk karaktär. Om också folkfantasin icke ännu hunnit att förstå omgestaltningen, har dock denna ingalunda gjort Karl XII mindre utan tvärtom större. I vissa huvuddrag är och förblir han alltjämt den samme, och den tillkomna förändringen består väsentligast däri, att han blivit tragisk.

Medan — för att hämta jämförelser från vår konungalängd — Gustav Vasa är uteslutande episk, fick Erik XIV länge gälla som vår historias självskrivne representant för det tragiska. Efter hand har dock hävdateckningen avklätt honom hans smycken och framställt honom såsom allt för spenslig, och allt för tidigt ledd i sina handlingar av sinnessjukdom, att icke den tragiska färgen över hans saga till sist skulle mattas. Deras undersökningar ha, beträffande Erik XIV och Karl XII, fört till det rent motsatta, ty den senare stod rustad med tillräckligt många stora och förvånande egenskaper att jämte dem orka bära även den tyngsta last av försyndelser. De mörka skuggorna ha endast dubbelt framhävt pannans klarhet och höjd. Ännu efter sin död besitter han den underliga makten att oskadd kunna rida hem från handgemäng, där ingen spåman vågat förutsäga annat än räddningslös död. Detta visar oss, att hans minne äger nog livskraft att kunna avpassas efter olika skeden och att han för oöverskådliga tider kommer att förbli det allenastående och lockande personlighetsproblem i vår historia, vid sidan av vilket de store Gustaverna nästan blekna bort till mer allmänna, om än aldrig så förträffliga regentfigurer.

Karl XII:s fel äro icke våra dagars och icke heller hans dygder. Ensamt den förbittrade hetta, med vilken svenskarna tvista om honom efter den fryxellska kritiken, blottar dock hur han med demonisk makt ännu behärskar sinnena. Med en underström av nästan religiös känsla delar sig folket i två hälfter; den ena förbjuder hans tadlande, den andra hans lov. Märk, att förkastandet av hans person alltid grundas på sedliga skäl, medan vår tid i alla andra analoga fall brukar sätta sin stolthet i att icke det minsta låta sig avskräckas genom några sedliga skrupler. Tvärtom beundrar hon med påfallande förkärlek just de historiska personligheter, vilka kunna liknas vid otämda naturkrafter och allegorisera starka böjelser, drifter och ytterligheter, även om dessa medföra barbari och förstörelse. En Attila eller en av trettioåriga krigets mest bloddrypande kroatanförare skulle måhända kunna berömmas av samma mun, som nämner Karl XII en missdådare. Hjälper icke annat, kalla vi honom rå, ehuru han vid sidan av en Bismarck skulle förefalla som en sann kavaljer och en idealist av renaste vatten. Vi kunna icke reda oss med honom utan att giva honom en alldeles särskild undantagsställning. Vi sakföra honom icke efter lagar, som i överseende eller stränghet likna de vanliga, utan vi stifta ett provisorium enkom för honom.

Med sin undantagsställning, sin ytterlighet, som ömsom tjusar och ömsom väcker den häftigaste sedliga vrede, har Karl XII inom hela världslitteraturen bara en sidobild och det är på samma gång hans yttersta motsättning, nämligen Don Juan.

Han blir i folkfantasin en lika oöverträfflig allegori för allt det äventyrligt svenska, som den spanske kvinnokrigaren för det sydländska, och med skäl kan man därför kalla honom Nordens Don Juan.

Dock är han även därvidlag en motsättning till Don Juan, att han är fullständigt omusikalisk. Han är omusikalisk i hela sitt sätt att tänka, tala, handla och kläda sig. Utan att besinna hur varje ytterlighet bor vägg om vägg med sin egen parodi brukar man tycka sig obeskrivligt fyndig då man för hundrade gången liknar Karl XII vid Don Quixote, men det finns ett annat långt säkrare sätt att göra honom löjlig. Det vore att låta honom uppträda i en opera. En sjungande Karl XII det är den rätta parodin och för var gång han sjungande öppnade munnen, skulle publiken ligga fyrdubbel av skratt. Vare sig Karl XII uppträdde som tenor, bariton eller bas vore han lika skoningslöst förlorad. På sin höjd skulle han med räddat allvar kunnat uppträda som talande deus ex machina i en operett, där Grothusen och turkarna skötte musiken. Tragiken i Karl XII:s personlighet och öde är nämligen mindre romantisk än antik och icke musikalisk utan skulptural. Den nutida hävdateckningen har visserligen flyttat tragiken ända i hans eget sinnes sammanfogning och därmed också förhöjt och förstorat den, men vi få vakta oss att låta honom lämna några lyriska eller psykologiska bekännelser. Den inre tragiken är hos honom för litet medveten att kallas romantisk. Vi känna långt mer om den än han själv. Hans hår grånar, han ligger sömnlös om natten, han överraskas försjunken i djupaste förtvivlan, men denna förtvivlan, bräddad med harm och blygsel och omättad trängtan efter kämpaära, har intet inåtvänt öga. Hon stirrar hela tiden utåt efter nya möjligheter alldeles sådan som hon satt på klipporna vid Termopyle. Toner kunna därför icke tolka Karl XII och endast undantagsvis kan anlitandet av ett romantiskt medel underlätta vår egen mottaglighet, när det gäller att uppfatta hans karaktär. Däremot har man fullständigt missförstått både honom och teatern, när man förmenat, att han icke skulle lämpa sig för ett skådespel. I själva verket är icke mången svensk konung därtill lika ägnad som just han, ty såväl han själv som hela hans skara är alltigenom dramatisk. Man har onödigt ängslats över frånvaron av någon mer eller mindre betydelselös kärleksförbindelse, men den av olyckor överfyllda kärlekshistorien i hans liv är hans förhållande till Sverige och svenskarna. Man har vidare fruktat den ständiga omsättningen av bipersoner. Liksom kvinnorna inför Don Juan, så tåga krigarna snabbt förbi Karl XII och försvinna — på ett par nätter i Ukraina ett tusen och tre. Den egentliga svårigheten ligger dock just i hans obenägenhet för att blotta sig i ord. Givetvis måste han även på scenen långa stunder sitta tyst och låta de andras samtal föra dramat vidare. Detta kan dock lämna tillfälle till nya uppslag i själva behandlingen och just därigenom att den historiska kritiken ryckt tragiken in i hans egen karaktär, så att han icke längre är blott och bart en bältespännare i en yttre strid, vinner den dubbelkänsla, som han ingiver, först sin rätta styrka.

Ett tragiskt problem omfattar en tvekamp mellan olika rättskrav, vilka te sig så starka att det ligger utom mänsklig rättfärdighet att fullständigt kunna tillbakavisa någondera. Icke blott den blodröda tråd, som olyckornas logik spinner genom det tragiska, är omöjlig att slita, utan även angående det slutliga sedliga bedömandet kunna vi icke hinna längre än till ett dystert spörjande. Detta väcker medkänsla eller rent av hängiven beundran för den tragiska hjälten men också ett nyfiket begrundande, ett sökande efter en möjlig lösning, ehuru en sådan icke står att finna. Det tragiska problemet är alltså olösligt inför människor, och därav kommer först och sist den allmänna villervallan vid granskandet av Karl XII, den ständiga tvedräkten mellan beundran å ena sidan och sedliga anspråk å den andra. Vore en lösning någonsin möjlig skulle det betyda, att han icke vore verkligt tragisk, men vi behöva icke frukta. Vad är i djupaste klassiska mening tragiskt om ej den strid mellan personliga och allmänna rättskrav, som inför oss fyller hans liv! Han finner sig lömskt överfallen och snärjd. Han kan icke se bort från den enda tanken att han måste återta vad våldet sliter ur hans händer. De försiktiga och de tröttnande ropa på fredsslut, men han kan icke förbise att fienderna vid första lägenhet åter ska kasta sig över honom, så framt han icke slår dem till marken för långa tider. Det är icke han som byggt det svenska storväldet, men ramlar det över ända, blir det han, som får skammen, och ju mer äran viker undan dess mer blir ärelystnaden hans allt uppslukande passion. På så sätt upptar han i sin person också hela sitt folks rättskrav och tragedin breder sin vinge över miljoner. I grunden är han dock endast en svag människa, liksom varje annan dödlig, och ju ärligare vi se hans mänskliga ofullkomlighet i ögat, dess mäktigare reser han sig i det stora till en nationalhjälte, vilken även däri skiljer sig från andra, att han icke är blott och bart en saga, utan en verklighet från igår. Det bästa sättet att förstå Karl XII är att hata honom och gå honom in på livet för att sticka ned honom... Efter några veckor rider du bland hans drabanter! Sällan har folkfantasin besuttit en vackrare bild av en hjälte, än den segrande yngling, som drar ut mot moskoviten, och som snart sagt vart bondbarn i vårt land skall känna igen på det eländigaste träsnitt. Sällan har dock ett tragiskt öde så obarmhärtigt handskats med den trotsande och prövat att med hjälplöshet och armod slunga honom så djupt ned, ända mot det löjliga. Han älskar rättvisa, han älskar frimodighet och föraktar ränker och köpenskap, men allt det som han mest avskyr tassar beständigt i hans spår som en hungrig ulv. Han stiger likt en flamma, men mörkret kastar sig över honom och kramar honom från alla sidor ända till dess ingen längre kan urskilja om det är lågan eller skuggan, som för hans svärd. Hans folks och hans egna rättskrav tappa varandras händer och rusa mot varandra med stela ögon, och han dör en mörk natt likt en förolyckad och från ljusets boningar utstött gudomlighet.

Också hans död har mött dramatiska betänkligheter, emedan man helst skulle ha önskat sig ett trovärdigt historiskt signalement på någon teaterbov, vilken kunde ses från raderna i det spännande ögonblick, då han fyrar av skottet. Detta kan dock endast bero på ett underkännande av vad verkligheten här redan hade att bjuda. Krigardöden brukar genom sin plötslighet merendels synas allt för mycket orsakad av tillfälligheter att icke ha en rent antitragisk verkan. Karl XII:s död bildar ett ganska säreget undantag. Redan tidigt utmanar han döden och, länge förutsagd och väntad av hans följeslagare, infinner sig denna i hans ödes kvällskymning, liksom guvernörens vålnad efter mottagen inbjudning stiger över Don Juans tröskel. Döden blir på så sätt en verklig faktor i handlingen. Karl XII faller icke för en enstaka och underordnad människas köpta vilja utan liksom kringvärvd och övermannad av allt det, med vilket han efter hand råkat i kamp. Hans timglas är utrunnet. Han stupar med ett drag av nödvändighet som kunde i den stunden intet annat ske. Den gåta, som sveper sin slöja om dödsögonblicket, fördjupar detta endast dubbelt, så att man måste fröjda sig åt gåtan och frukta att hon någonsin skall vinna full lösning.

Själv läste han i Benders kungshus flera av de franska tragedier, till vilka sedermera Napoleon lyssnade ännu i sin fångenskap, och i stället att fåfängt tvista om huruvida Karl XII må nämnas ond eller god skall Sverige en dag bevittna hur hans enkla stenkista bekransas av kommande tragöder.

DET NATIONELLA SOM TEORI OGH KÄNSLA

Svar till min vän Ellen Key med anledning av hennes öppna brev

Du säger, att brasan har brunnit ned. Jag har knappast märkt det, så helt har du under vårt samtal hållit mig fången med dina ord. Du har format dina meningar med en så ädel plastik, att de kommit att likna skickligt utarbetade smycken. Din kärlek till hemmet och hemlandet visar bättre än något att det åtminstone icke är om denna känsla vi hysa motsatta meningar, utan endast om de medel som i allmänhet kunna tjäna till de nationella instinkternas främjande.

Men det är sent, och skall jag i dag hinna besvara dig, måste det ske med en korthet som icke lämnar mig tid att omfatta hela det rika ämnet.

Du säger till mig:

*»Du är nu lika ivrig att återväcka patrio-
tismen som för några år sedan att frammana
fornglädjen. Du fyllde då vinsäckarna, band
kransarna och förgyllde oxarnas horn. Men
det stannade vid de dekorativa anordningar-
na. Till själva festen kunde du ej föra oss —
helt enkelt... emedan den nya glädjen ännu
icke är född, icke födes annat än ur fören-
ingen mellan en ny samhällsordning och en
ny livssyn.»*

Jag kan icke giva dig rätt. Snart varsnades att
det ropet var en tidens röst, ty väldiga stäm-
mor kullkastade icke långt efteråt ute i Euro-
pa hela pessimismens filosofi. De gåvo oss i
mycket en ny livssyn och en ny glädje. En för-
ändrad samhällsordning skulle endast sprida
en allmän — om ock övergående — glädje,
så framt vi *plötsligt* kunde föras in i ett rike
av social fullkomlighet. Vi veta dock att det
sociala framåtskridandet är ett tungt lastat
godståg, som ofta och länge måste stanna och
som aldrig kommer till någon ändstation.
Vid sidan av rättfärdighetskänslans och än-
damålsenlighetens sociala segrar framväxa
ju beständigt nya krav som drivande kraft.

Det skulle därför vara fåfängt att vänta på en allmän glädje av det slag, du menar. Vår glädje är med så förvånansvärt sköra band fastknuten vid samhällsordningen, att vi icke ens i inbillningen tyckas därvidlag på fullt allvar söka ett sammanhang. Eller har du månne icke någon gång längtat att genom ett under kunna förflyttas tillbaka i tiden och en solig morgon själv stå livslevande på det gamla torget i Aten? Och dock skulle du där se djuren misshandlas, höra trälar och tiggare ropa efter en allmosa. Du skulle ängslas av en allmän politisk osäkerhet, och om du råkade att uttala en misshaglig tanke eller hopsätta ett musikstycke efter ditt eget gehör eller pryda en gudinnas sköld med bilder efter ditt eget tycke, kunde du bereda dig på döden. Glädjekänslan står långt mer på teoretiska fötter än på praktiska, och dikten och filosofien äga i sin makt att kläda hela tidevarv i svart eller skarlakan eller i stoicismens mer neutralt vita toga. Ovillkorligen rinner mig det talesätt i minnet, som under sjuttonhundratalets senare hälft så ofta bröt udden av ett vidrigt öde: Än sen, jag har ju min filosofi!

Även den konstens renässans, om vilken

vi för några år sedan samtalade och spådde, har blivit en verklighet. Litet vet jag om jag är någon god sångare eller icke, men jag vet med bestämdhet, att jag är en rätt god spåman. Det är också lättare att spå än mången tror, och det tarvar varken kaffesump eller kort. Spåkonsten är en ej alltför sällsynt tankens förmåga att plötsligt och oavsiktligt omskapa sig till en objektiv räknemaskin, som med ofattbar snabbhet kastar om siffrorna och slår upp summan. De flesta människor lamslå denna förmåga genom att hellre lyssna utåt. Spåkonstens hemlighet ligger däri, att man tidvis kan fullstoppa öronen med skepsis och trycka sina bästa vänners hand utan att höra vad de säga. Vädja till spåkonsten, med vilken du säkert själv är förtrogen, och du skall icke kunna tillbakavisa den aningen, att även våra dagars rop på det nationella är en tidens röst, som har sin uppgift — och som även kommer att fylla den. Vi mena att vi tänka och tala så mycket av oss själva. Vi likna högmodiga ekar och popplar och buskar, som tro att de kunna viska och mumla och tala och märka icke, att de själva äro stumma, att det endast är tidens stormar, som brusa i deras kronor.

Må vi nu ett ögonblick granska de skiljaktigheter, som råda mellan dig och mig i fråga om uppfattandet av det nationella.

Att vädja till de nationella instinkterna det är att säga till ett folk: var oförskräckt subjektiv i ditt dagliga liv, i din politik, i skärskådandet av din egen historia! Var dig själv och — känn dig själv! Detta sista fordrar mod både till självkritik och till mätande av egen förmåga och därmed samhöriga plikter.

Visserligen, svarar du, *låt oss vara nationella, men icke ropa att vi äro det; det i djupare mening svenska kan endast förnimmas, icke inläras.* — Så ungefär falla dina ord. Härtill vill jag svara: Denna av dig med citat från Almqvist än mer belysta sats klingar i förstone som en oomtvistlig sanning, men håller vid närmare prövning icke vad den lovar. Det är betecknande att romantikern och kvinnan mötas i ett sådant åskådningssätt, men just detta underkännande av teoriens djupa betydelse och makt är enligt min mening den felaktiga utgångspunkten för hela din uppsats. Vi kunna nämligen icke så utan vidare ställa oss bland dem, som hålla före, att »alla teorier äro grå». Tvärtom synes det mig, att teorierna äro det bärande skelettet under de flesta av våra känslor. Kärleken liksom hatet kan väl i mycket synas ett mysterium, men sloge ditt hjärta fortare, om någon räckte dig ett stycke elfenben och berättade, att det en gång varit en del av den Athenebild, för vars skull Fidias omkom i fängelse — ur vilken källa upprunne då denna känsla? Svaret är självskrivet. Ur vetande, ur tänkande, ur teorier! Om du tar upp en sten från marken och betraktar den med känsla, därför att den är svensk, så skall denna känslas vidd bero på din kunskap och dina teorier om det svenska. Även tror jag, att man på rent teoretisk väg kan omdana både individer och hela folk och likaväl bibringa dem ett mått av värdig självkänsla som självförakt eller självöverskattning. Där det nationella teoretiskt är kastat till marken, där lever det icke heller som känsla.

I femton år ha vi blygts att vara patrioter, icke blott i klangfraser, ty det synes också mig en hälsosam förtjänst, utan även i sinnet. Med nedärvt groll från krigets dagar ha våra grannfolk missförstått oss och aldrig tröttnat att aga. Halvt med en stoisk filosofs och halvt med en träls undfallenhet ha vi ej sällan själva räckt piskan. Det har blivit en dogm just bland tänkande och ärliga människor, att det svenska är något undermåligt. Detta har berott därpå att det teoretiska skelett, som hade att bära känslan för det svenska, legat sönderslaget. Hur skulle det vara möjligt att avhjälpa detta missförhållande, att åter sammanfoga de lösbrutna styckena, om vi icke vågade vidröra dem? Hur menar du väl att vi härvidlag skulle kunna komma till ändring och rättvisa blott och bart genom känsla? Att förstå sig själv är en kunskap, icke blott en oreflekterad förnimmelse. Det är därför som ditt och Almqvists betecknande av ett folks ställning till det nationella synes mig för trångt, för ensidigt, för kvinnligt. Troligtvis har du liksom jag från begynnelsen mött det svenska som tvivlare, just emedan vi saknade livsfriska teorier för en motsatt uppfattning, men skulle vi, sedan vi kommit till en annan mening, i väntan på lyckliga händelser hålla till godo med den allmänna likgiltighetens svagdricka och icke snarare önska att vi kunde ropa från fjället med trolls och jättars och änglars stämma! Du sörjer själv över denna likgiltighet och fattar den som ett ont. En teoretisk granskning av fosterlandskärleken, av det nationella, det svenska är härvidlag ett nödvändigt förberedande, som icke kan försiggå annat än med hjälp av ordet. Det är ordet, som här har slagit sönder, och därför kan endast ordet ställa till rätta. Det var Strindberg, som anställde den egentliga massakern, och det var en nyttig dat, ty han slog ihjäl frasen. Men ett upplopp tål sällan att åldras, ty det blir snart en slentrian, som rider kring med den röda luvan utan att längre veta varför.

Besitter en diskurs om det nationella en viss förmåga att lätt stiga en eller annan åt huvudet, så få vi ihågkomma, att varje förkunnande av åsikter medför samma fara. Eller skulle vi icke våga tala om mänskliga dygder av ängslan att narrar och skälmar därigenom kunna lockas att bemantla lumpna avsikter med dygdens färger!

Om det vore fråga om en undersökning av det ryska eller judiska lynnet, skulle du månne då ana en fara bakom erkännandet? Eller skummar för närvarande chauvinismen särskilt hos oss högre än hos andra? — *Var*, spörjer du, *larmar väl patriotismen så som hos oss?* — Jo, i Norge, Tyskland, Ungern, Italien, Grekland och i republikerna Frankrike och Schweiz. Du lägger för stor vikt på bankett-tal, till vilka ej ens de närvarande gästerna lyssna med allvar. Du fäster för mycket avseende vid dagspolitikens etiketter, vilka de flesta betrakta med samma ironi som man mitt i den stora julmarknaden skulle stava på en dunderannons av ungefär följande lydelse: Fosterlandsvänner! Den enda verkligt patriotiska lutfisken säljes hos madam Andersson på Munkbron. — Allestädes missbrukar politiken fosterlandets heliga namn, men brännmärker en regent var och en som »fosterlandsförrädare», vilken icke lydaktigt betjänar rent dynastiska intressen, så le de trogna undersåtarna i skägget och veta i våra dagar ganska väl, att det under vissa förhållanden också kan vara fosterländskt att gå till hovs hand i hand med en Karl Johan Adlercreutz. Runt om i Sverige finnas emellertid män, vilkas uppriktighet ingen betvivlar, och det är de, som allvarligare än på sista tiden borde vakta om vår nationella hälsa, så att vi icke en dag få besanna dina egna ord: *Att bliva klarsynt för sent är tillvarons djupaste tragik i folkens som i individernas liv.*

Det skrives och talas alldeles för litet om svenskarnas psykologi. Festdagarnas hurrarop, grannlåtsord eller stickord och främlingars snack om vår midnattssol och vårt smörgåsbord kasta intet förklarande ljus över vårt lynnes egendomligheter, vår historia och våra möjligheter. Liksom individen genom självgranskning kan samla sig och avrunda sin personlighet utan att därför sky beröring med andra, så kan ock ett folk. Icke ensamt i vårt land utan inom hela den mänskliga odlingen finns ett stycke obruten mark, ett barbariskt, svårtillgängligt urskogssnår, som ännu väntar sin Bröt-Anund och vilket skulle kunna kallas: de olika folklynnenas filosofi. Den får icke byggas enbart på känslor utan på såväl jämförande som inåtblickande undersökning. Den får varken gå det ena eller andra partiets ärenden utan endast besjälas av en vetenskaps kärlek till ämnet och sanningen.

Nåväl, samla på ditt bord de ytterst få bland våra skrifter, där en eller annan sida eller några lösryckta meningar röja åtminstone ett bemödande i denna riktning, och säg mig, om där förekomma så synnerligen många smickrande överord om det svenska!

Jag har nu berört den ena av de huvudpunkter, där vi icke äro eniga. Låt oss nu övergå till den andra.

Du säger, att jag klyver nationen på tvären och endast vill tänka mig ett nationellt upplysningsparti bland det lyckligt lottade fåtalet ovan strecket. Det är riktigt, ty det skulle vara en motsägelse att söka ett upplysningsparti, där det ännu icke finns upplysning. Trots allt klyver du emellertid själv nationen på tvären, när du huvudsakligast söker det nationella under strecket hos de djupa leden och särskilt lantbefolkningen.

Bonddräkterna, de röda stugorna, barrskogarna och de små mörka sjöarna — allt detta är givetvis innerligt sammanvuxet med vårt liv och våra föreställningar och därför en ej oväsentlig del av det svenska. Det är framför allt något som blivit oss kärt, som vi älska att avteckna och besjunga och som vi under andra luftstreck sakna med okuv-

lig hemlängtan. Dock förefaller det mig, att
vi just i detta stycke fatta det nationella för
grunt. Beständigt leta vi det nationella i det
yttre, i det rent etnografiska, geografiska och
botaniska. Bleve vi fördrivna från vårt land
likt judarna, skulle alltså det nationella falla
från våra skuldror som en tom kappa. För
min del skulle jag dock kunna tänka mig en
man, vilken — bunden vid kammaren ge-
nom sjukdom — aldrig komme utom Stock-
holms tullar och som likväl i sitt sätt att tän-
ka och känna bleve en lika klar spegel av det
svenska som vilken som helst friluftsmännis-
ka. Beständigt vill man hålla oss kvar vid den
föreställningen, att en arbetare, som flottar
timmer på Norrlands älvar, eller en jägare,
som fäller en björn, är något mer nationellt
än — låt oss säga — Ellen Key vid sin lam-
pa. Och dock är timmerflottaren eller björn-
dödaren icke mer olik en sydländsk lantman
än den kammarlärde är olik en yrkesbroder
vid ett spanskt eller italienskt universitet.
Hur påfallande är icke skillnaden mellan en
Emelie Högqvist och en Ninon de l'Enclos,
en Fredrika Bremer och en madame de Staël
eller George Sand! Det skulle kanske icke

vara omöjligt att jämka in Synnöve eller
Per Gynts mor i ett Tyrolerlandskap, men det
skulle vara fåfängt att under en annan flagga
än den norska vilja ställa någon av de strä-
va eller extravaganta damerna i Ibsens sista
dramer. Nyanseringen blir alltså där skar-
pare. När vi vilja förevisa det nationella, slå
vi emellertid alltid huvudet av nationen och
peka endast på bålen och lemmarna. I stäl-
let för att väga det yppersta, det subtilaste
andliga extraktet med guldvikter, uppmärk-
samma vi endast de grövre yttre påtaglighe-
terna. Du nämner Skansen, denna stad, el-
ler rättare stilla lantby av minnen, vilken det
nästan vore en hädelse att giva benämningen
museum. Du kan icke med varmare intresse
än jag gå omkring bland de låga stugorna,
icke livligare intyga att detta allt är en del
av det svenska — men det är också blott en
del och icke den väsentligaste. Om vi klädde
oss i nationaldräkter och dansade dalpolska
och aldrig begagnade annat än träskedar och
satte bondspelmän framför vaktparaden,
vi skulle icke i denna kostymlek se tiondelen
så mycket av det djupast svenska som i ett
enda exempel på hur vi bygga en tankesats,

hur vi känna, hur vi handla. Men detta finna vi närmast hos de friaste, med andra ord hos de upplysta, som minst gått bundna under det tyngre, allt nivellerande arbetet. Därför äro dessa människor en nations mest utpräglade och fördjupade karakteristikum.

Låt oss sträva för folkets upplysning och hoppas, att tider en gång skola bräcka, då ordet »folket» icke längre har samma betydelse som nu i dessa rader. Redan i en sådan strävan ligger ju dock a priori som antagande, att det vartill vi vilja höja folket är något för mer än det, som folket redan besitter. Vore det typiskt nationella framför allt det folkliga, då måste däremot varje nationalist bemöda sig om att kvarhålla folket på den ståndpunkt, där det redan befinner sig.

Om något samlar det nationellt franska i en bild, så är det den härliga, förkättrade parken vid Versailles. Varför skulle vi låta århundradets demagogiska betraktelsesätt spela in på ett ämne, där det icke hör hemma, och i stället uteslutande söka det nationella i byarna utanför parkstängslet? Och om vi hos oss se mycket av det svenska i den mossbelupna ryggåsstugan, i den av granar skuggade

kolkojan, i det med kakor och stånkor du-
kade julbordet, så möter oss dock något
ännu djupare svenskt i den själ, som blickar
ut från de gamla porträtten, från de gulnade
breven och anteckningarna och från vår his-
toria.

Än mer skulle jag vilja säga dig, innan
jag trycker din hand till godnatt, men din
klocka slår redan åtta varnande slag. Det är
kanske därför att du brukar få besök av Evas
döttrar som du försett ditt väggur med ett
slagverk, vilket så eftertryckligt påminner om
tidens snabbhet. Inom en halv timme måste
jag åter sitta i järnvägsvagnen. Jag kan se i
skumrasket att du ler åt mig, som av fri vilja
lever och bor just mitt bland allt detta folkli-
ga, om vilket vi nyss talat, men måhända kan
det övertyga dig, att jag åtminstone icke talat
därom med fientlighet i sinnet eller med en
stadsbos främlingskap.

OM PÖBELNS AVSKAFFANDE

Ingen reform är nödvändigare och bultar mer angeläget på vår dörr än den att pöbeln snarast möjligt blir avskaffad. Vi måste därför begynna tänka över saken och pröva vad som därvidlag är att göra.

Pöbeln är en otidsenlig kvarleva från de mörka gränderna i medeltidens städer och de mest vanryktade kvarteren bortom Roms Subura, och den står främmande i vårt på rättvisa och milda seder byggda samhälle. Från nästan alla tider finnas också berättelser om hur pöbeln med förkärlek nedkallat död och förbannelse just över de män, som snarare varit förtjänta av att bespisas med en offentlig hedersmåltid. Pöbeln är att likna vid ett stort vatten, vilket allt ef-

ter de olika ingenjörernas avsikter kan ledas
att driva de nyttigaste hjul eller översvämma och förgöra. Det har visserligen funnits
ingenjörer, som mitt under en revolutions
vildheter kunna få detta vatten att, genomskinligt och källklart, spela i vackraste regnbågar, men just den möjligheten att
snart sagt vilken hand som helst i lidelsens
ögonblick kan slå undan dammborden håller samhället i en ständig osäkerhet. Det är
ingen klok hushållning att, medan vi förskansa oss mot farsoter och utländska inkräktare, vidmakthålla härar av otämda
hunner mitt inom våra egna gränser. En dag
vad det lider kunna dessa hunner uppresa
sig okallade och då står hela vår odling i ljus
låga. Det är därför man icke kan annat än
önska att någon riksdagsman, som verkligen åstundar att förknippa allvarliga uppgifter med sitt mandat, utan dröjsmål skall
väcka en motion, att riksdagen måtte ingå
till k. m:t med anhållan om pöbelns snara
och fullständiga avskaffande.

Det är visserligen rimligt att en sådan
motion finge bereda sig att i förstone möta
betänkligheter och segt motstånd. Å ena si-

dan skulle de maktägande måhända tänka ungefär sålunda: Om vi en gång råka ut för missödet att få en riktigt usel regering, kan denna tilläventyrs dock alltid stödja sig på pöbeln. Med pöbelns hjälp kan man till och med upprätta envälde och skapa tyranner.

Å andra sidan kunde det finnas en och annan partiledare, vilken, om pöbeln helt och hållet avskaffades, plötsligt skulle känna sig som en galeja utan segel. Han skulle därför troligen säga till sig själv: Om vi icke bibehålla pöbeln, huru skola vi väl då, när nöd kräver, hastigt kunna göra en kupp? Advocerande lagtolkare, egennyttiga rådgivare och lustighetsmakare av tarvligaste slag skola samla sig kring tronen utan att det längre finnes någon makt, som förmår att driva bort dem. En allmän stagnation kommer att inträda i det offentliga och utan pöbel bleve aldrig någon omfattande revolution möjlig.

Slutligen skulle vissa folkvänliga konstkännare, som gärna på sin tunga föra bekymrade ord om kvalmig drivhusluft, säkerligen icke blott ur estetisk utan också ur sedlig synpunkt finna det i högsta grad oförsiktigt att borttaga ett så gammalt och kraftigt samhällsornament som pöbeln. Ingen vitterhet i hela världen har såsom den svenska rest sig till ett tempel över krogen och skökan, och det förkomna subjektet med sin gallsprängda bitterhet har där fått en sådan äreplats, att tillintetgörandet av denna nationalhjälte skulle lämna ett tomrum, vilket konstkännarna icke skulle tilltro oss att någonsin kunna fylla.

Allra sist skulle skämtarna framträda och påpeka, att även om man upphörde att bibehålla den pöbel, som igenkännes på dåliga kläder, bleve man därför icke av med den välklädda. Då benämningen pöbel härvidlag visserligen är träffande, men det oaktat brukad i något överflyttad bemärkelse, faller emellertid skämtarnas invändning utom ämnet.

Av de många och naturliga betänkligheter, som blivit antydda, är det likväl huvudsakligast den ena som på allvar tynger i vågskålen. Det kan icke förnekas att långvariga och övermodiga oförrätter berättiga de förtryckta att uppresa sig med vapen i hand. Om vi emellertid söka att föreställa oss ett samhälle av bara bildade, kunna vi, som sagt, svårligen därmed förena synen av en stor revolutions gatustrider. Eller skulle vi kunna tänka oss våra professorer och affärsmän, våra hovmän och kanslister ställa upp sig på Norrbro för att skjuta på varandra? Lockades de verkligen till något sådant, skulle det givetvis bero därpå, att någon sista återstod av pöbel smugit sig in i deras led, ty pöbelanda smittar. Den som blivit anstucken av henne, vet icke längre vad han gör. Låtom oss dock icke frukta, att ej även ett samhälle av endast bildade skulle lämna rum åt hälsosamma slitningar och omstörtningar. Där skulle härska minst lika häftiga passioner som någonsin i våra dagar. Offervillighet och egennytta, ärelystnad och feghet skulle där bryta sig mot varandra med oförminskad våldsamhet och med beständigt stegrade önskemål. Hela skillnaden bleve den, att striden överflyttades i mer andliga former och att bössor, ugnsrakor och kvastskaft politiskt förlorade sin betydelse. Vi ha därför långt större orsak att härvidlag beakta stundens misshälligheter än att av omsorger för framtiden bibehålla pöbeln, och det mot dess egen vilja och lust.

Plockar man sönder pöbeln i individer,

får man ingenting i handen. För flera år se-
dan blev jag i Paris en gång inträngd i en
larmande pöbelhop. Hundra mistlurar på
ett upprört hav skulle icke mäktat att omgi-
va mig med ett ohyggligare vrålande än alla
dessa människostrupar, där orden förkväv-
des. Händerna lyftes, munnarna stodo vid-
öppna och som vid de stumma tonerna av
en gemensam men endast inifrån förnummen
melodi begynte alla fötter att marschera i
takt. Det hade endast behövts att en kraftig
vilja stigit fram och utpekat ett bestämt mål
och, ständigt allt mera upphetsande sig själv,
skulle hopen låtit sig ledas till vilka uppträ-
den som helst. När oväsendet efter en dryg
stund äntligen begynte lägga sig, slog jag
mig i samtal med en storvuxen blusman i
min omedelbara närhet. Han hade utmärkt
sig som en av de värsta skrikhalsarna, men
till min överraskning kom jag ganska snart
underfund med, att han var en hygglig och
redbar arbetare, en öm familjeförsörjare och
framför allt i grunden vida mer road av att
få debattera än att skrika. Han talade kan-
ske något mulnare än jag om en del förhål-
landen, av vilka han tyngre kände bördan,

men därom var intet att säga och vi skakade hand, när vi skildes. Jag är övertygad om att hade jag gått vidare från man till man, skulle jag i de allra flesta fall ha gjort samma upptäckt. Pöbel finnes endast i flock. Ytterst sällan råkar man en person av den arbetande klassen, vilken berättigar oss att mumla något om pöbel. Han kan visa sig motsträvig, men det är något annat. Tvärtom blottar en sådan person merendels klara och bestämda åsikter om rätt och orätt samt en rörande åtrå efter kunskap. En bok är för honom nästan alltid en särdeles välkommen gåva. Det är först när många människor stå i trängsel, som pöbelandan brister ut, oftast blandad med en pojkaktig böjelse för tokiga upptåg, och sedan kan smittan sprida sig på några ögonblick. När ett stort antal människor redan från sin födelse känna sig avsöndrade i en hopträngd grupp, finner smittan hos dem en ständigt mottaglig jordmån.

Säkert märka därför också redan de flesta hur nödvändigt det är att vi få en lag, som förbjuder och avskaffar pöbeln genom att borttaga varje tillfälligt »streck» och in i det minsta skänka samma medborgerliga rättigheter åt alla söner av samma folk. Vi bruka till ensidighet betona vår böjelse för det nyttiga, men just en sådan reform är framför andra nyttig och fredsbringande, medan olägenheterna äro små och övergående, om icke inbillade. Varför uppskjuta något som likväl icke kan undvikas! Det land, som vi tagit i arv av våra fäder, har icke köpts för penningar, och den politiska myndighetsförklaringen kan där endast göras till en åldersfråga men icke förbli beroende av penningen. Det är omöjligt att icke var tänkande man i Sverige åtminstone i sitt tysta sinne närer en önskan att hellre avsäga sig sina politiska privilegier än att icke lika få dela dem med var och en bland sina egna landsmän. Vi äro ett litet folk, men splittrat blir det ännu mindre. Ett rike, vars inbyggare icke ens äro så likställda, att de samfällt få närma sig valurnan, innehaves icke av ett folk utan av sins emellan misstrogna fiendeläger. Illa skulle det vara beställt med en fosterlandskärlek, vilken icke satte som sitt mål att samla oss till enhet och medveten styrka, men högre än fosterlandskärleken står den rättfärdighet, vars ärenden ännu aldrig någon gått för tidigt.

Vad sedan återstår av pöbel, det kan endast utrotas av upplysning, upplysning i alla riktningar, upplysning utan gräns. Det kommer en gång en dag, då det skall finnas ett bibliotek på kanske femtio böcker i varje svenskt hem, även det lägsta. Den dagen kunna våra historici leende berätta för oss om de gamla pöbeltider, då politiska spörsmål avhandlades i Storkyrkobrinken med stenkastning och klingande fönsterrutor.

FÄRGERNA

De yngre målarna begynna mer och mer att framställa det nordiska landskapet i starka färger. Mången skakar förvånad på huvudet åt dessa nyheter och har svårt att göra sig förtrogen med en bild, där man ser våra skogssjöar och klippor i en färgprakt, som av hävd uteslutande tillmätes södern. Under en snabb resa söderut, då intrycken hastigt avlösa varandra, kan du pröva frågan med ganska enkla medel, även om ett mer vetenskapligt tillvägagående naturligtvis bättre skulle precisera resultatet. Det är dock knappast nog att blott och bart nöja sig med en blick på det förbiilande landskapet. Samla hellre detta i en spegel, som placeras i ett mörkt hörn av vagnen eller rummet! En vanlig spegel är dock för vitaktig och därför betydligt sämre än en glasskiva, som på avigsidan täckts med ett svart papper. I nödfall kan till och med papperet undvaras. Landskapet visar sig på denna glasskiva mörkare och tydligare än för blotta ögat ungefär som på en målning, och färgerna på de omgivande föremålen i rummet eller vagnen hjälpa dig såsom motsättning att lättare avläsa de speglade färgtonerna.

Genom att flitigt iakttaga och anteckna kommer du till följande resultat:

Det är i mars månad. Redan i Danmark spåras ett märkbart ljusnande, som du dock i det längsta söker tillskriva landets ö- och slättbygdskaraktär. I Tyskland bli färgerna torrare och mattare. I Tyrolen visar sig middagshimmelens blånad något djupare; eljes är allt brunt. Morgnar och aftnar äro färgstarkare än i Tyskland. Frankrike är i färger ett allenastående fenomen. Allt blir där smekande och violett. Till och med i middagstimmarna härskar det violetta. Vi känna igen det redan från sjuttonhundratalets målningar, men vore det endast konstnärerna som suggererade oss, skulle ett alldeles lik-

nande landskap i en annan trakt, om viljan
vore god, också kunna ses i samma ljuva färg-
spel. Det skall dock icke lyckas. De moderna
konstnärerna ha till fullo uppskattat dessa
franska färger. De lärde sig att älska dem och
narrades slutligen också därigenom till allde-
les vilseledande färgtolkningar av våra egna
bygder.

Venedig i snöyra visar i allo samma
färgskala som Malmö i snöglopp. I Rom har
himmelen något djupare blånad, och vid si-
dan av de skarpt solbelysta vita murarna och
det vitaktigt soliga, i sig självt färgmatta land-
skapet verkar denna blånad betydligt djupare
än den är. Vid Napoligolfen i klart väder mat-
tas visserligen tavlan av bergens och trädens
vitgrå lokalton, men havets blå lokalfärg och
vattnets och luftens inbördes reflexer låta det
försmälta i milt blått. Synranden stöter mer
och mer i skärt, och de många för ögat eller
kikaren skönjbara ljusröda husen längs kus-
ten bidraga härtill. Soluppgången och sol-
nedgången ha ej längre Nordsjöns eller Öst-
ersjöns skrikande färgståt. Allt är lent och
förtonat och behagfullt.

Nu har södern begynt, och det grekiska alplandskapet, det underskönaste av alla, reser sig i hela sitt allvar. Skogarna äro borta. Allt är endast ett öde och tyst mausoleum. Vem ville se Grekland annorlunda? Skönheten ligger här först och främst i bergens plastiskt mäktiga linjer och i färgernas mildhet. Havet och himlen äro blå och bergen dimmigt rosenfärgade ända upp till den vita snön, som oftast sammansmälter med luften. Det är den skiftande, ibland silverglittrande pärlemorsnäckans skönhet, de mjuka, ädla färgernas, icke de starkas. Vattnets blånad bildar den enda starka tonen.

Konstantinopel i vårbräcket bjuder ett övermått av gult, vilket dock närmast stammar från själva stadens gula lokalton. Uppe i Ryssland begynner åter med ens den genomskinliga luften och de kalla, starka färgerna. I det skogiga Finland komma detaljernas starka lokalfärger redan till hjälp, och ögat, nu vant vid de milda förtoningarna, ser färgerna ligga bredvid varandra, utan övergång, som bjärta band. I soluppgången vid Åland griper Vår herre Marcus Larsons pensel. Klipporna bli cinnoberröda. Havet blir blåsvart, och skogen blir nymålat ettergrön. I solnedgången på Stockholms ström hopa sig svartblå molnmassor på klargul himmel. Alla lokalfärger framskymta ännu en stund, till dess det blå breder sig över vatten och sluttningar, medan fönster och gavlar brinna i vilda, hemskt kalla färger, som skulle yttersta domen stunda.

En sådan färgprakt är utan motstycke i södern. Där saknas den källa till fantastisk lek med starka och dämpade färger, som vi besitta i skymningen. Middagsljuset, tråkigt redan hos oss, upplöser där färgerna i stickande glitter. Byggnaderna och dräkterna kunna vara livfullare än hos oss, men grönskans och landskapets lokalfärger i allmänhet äro, som antytt, merendels gråaktigt matta — det blå Medelhavsvattnet och dettas återsken på luften frånräknat. För att giva stämning av värme ha konstnärerna målat det sydländska landskapet i starka färger, men vi behöva endast vända oss till äldre italienska skolor för att finna, hur förträffligt en blek luft passar samman med kullarna kring Arno.

Ju längre du vandrar norrut, dess kallare men starkare bli färgerna. Uppe mot Nordkap, där i den genomskinliga luften icke

blott fjord och snöfjäll hårt och skarpt klar-
lägga sina färger, utan till och med blommor-
na bli mer lysande, torde icke ens middagslju-
set vid klart väder kunna kväva landskapet i
vitaktigt skimmer. Icke södern utan norden
är de starka färgernas rätta hemvist.

EN GRAV PÅ LANDET

Kärleken till fosterlandet är ingenting annat än ett vidgande av kärleken till hemmet och hembygden. Jag vet knappast något, vilket väcker så många drömmar om en avundsvärd lycka, som en liten lantkyrkas slitna gravhällar och deras bilder av två äkta makar, jordade sida vid sida i skötet av den trakt, där de levat och verkat och åldrats och dött. Måhända har maken långa tider av sitt liv, upptagen av statsmannens eller krigarens äventyrliga värv, vistats annorstädes, men till slut ha dock hans ben hemförts till den mark, som var honom kärast. Lönnarna, som knacka på kyrkfönstren, äro kanske planterade genom hans omsorg eller avkomlingar av träden på hans gård. Åkrarna kring kyrkvägen har han kanske en gång kallat sina nyodlingar, och den långa sömnen måste för honom vara lycklig och lugn som för en skolgosse, vilken första aftonen av sina ferier å nyo gått till sängs under hemmets tak. Nutidsmänniskan åter blir i regeln tidigt ryckt från sin hembygd, och denna blir henne likgiltig på samma gång som hon tvekar att tala om det fosterland, vars namn dagligen missbrukas i politikens och tidningsgeschäftens människofiske. Det var nästan gynnsammare fordom, då konungamaktens intressen alltid först och sist buros som partiernas fältbindlar, ty då var fosterlandet en martyr, som kunde älskas och tjänas i tysthet, ja, med offer och utan fras. Även härvidlag kunna de locka nutiden till avundsamma drömmar, de döda, som ligga uthuggna i sten i landsbygdens kyrkor.

Ej långt från Örebro framlyser över Närkes bördiga åkerfält Ervalla kyrka, uppförd mot 1600-talets slut av fältmarskalken Mörners hustru Anna Bjelke, som också här fått sitt vilorum. Endast några steg längre bort ligger hennes forna egendom Ervalla hovgård. Vägen leder under skuggiga träd upp till den tämligen ödsliga och kala kyrkogården. Några personer äro församlade, ty det är meningen att öppna den mörnerska familjegraven. Tanken på den förestående handlingen gör dem fåordiga. Hur månne det skall se ut där nere i den trånga källaren under koret? Ligger den gamle krigaren ännu väl bibehållen i sin karolinska dräkt, kanske densamma, som han bar på morgonen vid Fredrikshald, då han räckte konungen det varningsbrev, vilket denne stolt kastade på elden? Eller bär han kanske den klädsel, vilken sedan tillkom honom, då han som president i Göta hovrätt skickades undan till Jönköping och dömdes till ett för honom obekant yrke? Hans porträtt på det mörnerska herresätet Esplunda visar en välvillig man med fylliga kinder och läppar och en ofantlig lockperuk.

En vilsekommen sädesärla flyger av och an mellan kyrkfönstren, och de vidöppna dörrarna insläppa sommarluften. Kyrkan har brunnit och moderniserats, och den äldre skulpterade predikstolen ligger på sakristians vind mellan några tämligen klumpiga änglar av trä, vilka förr varit uppställda ovanför altaret. Där förvaras även en sönderfallen dopfunt från 1600-talet. Över gången hänger en vacker mässingskrona och en av kristall, och den besökande främlingen harmas ej över, att kyrkan i övrigt är lantligt torftig och tom, att de vitkalkade väggarna äro utan prydnader, och att han ovan altarringens solskadade, svarta bomullssammet ser en mycket dålig kopia efter Rubens.

Framför altaret ligga gravstenar från 1600-talets slut och 1700-talets början. Valven därinunder, som, då de öppnades, endast innehöllo några multnade skallar och ben, äro längesedan igenfyllda. Den mörnerska graven är under sakristians golv bakom altaret. Genom den halvöppna sakristidörren lysa vindstrappans gamla, oförstörda målningar i hårda färger.

Där inne är redan luckan öppnad i golvet, och en smal, svängd trappa leder ned i själva griftvalvet. Dagern är otillräcklig, och två ljus tändas och medtagas. Dörren till valvet hade blivit tillsluten efter Anna Bjelkes begravning och nyckeln nedkastad genom gluggen. I revolutionsåret 1789 antändes emellertid kyrkan av åskan och blixten sprängde låset till dörren, som sedan förblev öppen.

Innerst står en mindre barnkista. Framför denna höjer sig en måttlöst bred och stor kopparkista. Det är Anna Bjelkes. Mellan denna ofantliga metallsarkofag och ingången står Mörners kista, som är betydligt mindre. Den är också av koppar, samt med en list i förgyllning och färg. På fotgaveln är målad en dödskalle med två korsade knotor. På huvudgaveln läsas i ljusskenet följande med färg anbragta ord:

Kongli Maystz. Troo Man Sveriges Rijkes Rådh, Feldt Marskalk General Gouverneur och Præsident uthi Giöta Haff Rätt Den Höghwälborne Herre och Grefve Herr CARL GUSTAF MÖRNER. Född i Malmö åhr 1659 marti(i), Dödde i Jönkioping åhr 1721 d. 27 October.

Anna Bjelkes kista öppnas först. Locket, ligger löst utan lödning eller nitar och gör endast motstånd genom sin tyngd. Då det slutligen lyfts i höjden, liknar den rymliga kistan ett stort mörkt svalg, i vars djup man först

småningom skönjer de sönderfallna läm-
ningarna av en människa och en träkista.
Huvudskålen har tumlat något åt sidan mot
kistans vänstra hörn, och allt ligger inbäd-
dat i fuktig, svart mull. Så föga har den väl-
diga kopparkistan förmått att skydda.

Nu kommer ordningen till fältmarskal-
ken, och en känsla av vördnad och till ytter-
lig nyfikenhet stegrad förväntan bemäktigar
sig de närvarande. Ljusen sträckas tätt intill
kistan, och då locket höjes och varsamt lutas
bakåt, ringla på dess ärggröna insida någ-
ra hopflutna vattendroppar som en blank
och snabb esping. Inne i kopparkistan står
en ekkista, som är oväntat liten och angi-
ver, att fältmarskalken näppeligen varit nå-
gon storväxt man. Trät är svart som kol
och genomdränkt av fukt och så mjukt, att
det styckevis faller sönder mellan fingrarna.
Den vänstra hälften av locket är instörtad,
men det tjocka, svarta sidentyg, varmed kis-
tan varit klädd, är ännu så friskt och väl be-
varat, som vävt i går. På kistans sidor äro
handtag av järn.

Spillrorna av trälocket makas med lätthet
åt sidan, och ljusskenet faller klart över den

öppna kistan.

Även här har dock förstörelsen länge sedan krälat in. Den döde var efter all sannolikhet balsamerad. Hans begravning hade försiggått i Jönköping med stor pomp, och, förspänd med ett spann av svartklädda hästar, hade likvagnen burit hans kista till hans gods och hem. Man hade påtagligen ingen grund att behöva spara, och återfunna anteckningar berätta ännu om den slutliga bouppteckningen och om den dag, då arvingarna samlades i stora salen på Esplunda för att skifta silvret. Över den karolinska tiden begynte redan då sagoskimret att lysa, och säkert hade man icke sparat något för att, i enlighet med tidens sed, skydda den högtställde mannens stoft mot förgängelse. Gravvalvets fukt har dock långsamt men säkert övervunnit och tillintetgjort läkarnas alla balsamerande kryddor. Ingenting annat återstår än svartaktig mylla och brungula ben. Av kläderna finnas inga lämningar, och det enda, som hittas, är ett ananasformigt, i trä skulpterat föremål, närmast liknande kotten på en tyrsosstav. Hur den kommit hit och i vilken mening är svårt att säga. Det är, som hade från skogarna utanför en natt de nordiska dryaderna smugit sig ned till karolinens kista och där inlagt denna hälsning från hans marker. Eljes är allt förvandlat. Det huvud, som känt blodet bulta under uttänkandet av planen till norska fälttåget, och som ännu några korta år, innan det självt träffades av döden, lutats över den lerstänkta båren i Tistedalen, är nu ingenting annat än en tom, grinande dödskalle med friska, vita tänder. Det var mellan dessa tänder, som den med så många olika förtroendevärv fordom hedrade mannen uttalat sitt votum över den anklagade baron Görtz. Vilka upprörda hågkomster från en stormig tid måste icke in i det sista ha följt denne krigare, vars broder stupade vid stormningen av Wiprech, och vars son, översten Hans Georg, gick omkring som fiolspelare bland fångarna i det avlägsna tsarriket!

Kopparkistans inre underkastas nu en närmare granskning och vi upptäcka ännu en liten kista, som står inställd ovanför ekkistans huvudgavel! Det är en liten barnkista, så kort, att den har fått plats på tvären. Den är svart och beströdd med några stjärnor samt av alldeles samma form som barnkistorna i våra dagar. Kanske är det den gamle fältmarskalkens käraste och sistfödde, som han på detta sätt tagit med sig i sin stilla kammare, och medan hans egen kostbara kista anfrätts och brustit, är den enkla, lilla barnkistan oskadd och bibehållen. Den vita sidensvepningen med sina ärmar har icke ens gulnat.

Rimligtvis beror barnkistans bevarande uteslutande därpå, att hon blivit stående friare och högre uppe i kopparkistan och därför tagit mindre skada av det vatten, vilket tid efter annan samlats på gravvalvets golv.

Vid åsynen av denna ödets lek, som låter den berömde krigarens kista murkna sönder, men bevarar ett okänt barns, svävar tanken ovillkorligt kring de många, på förhand nästan oberäkneliga, tillfälligheter, vilka tillintetgöra eller skydda de gravsatta lämningarna av våra storheter. Man tänker på Riddarholmskyrkan, där i Magnus Ladulås' grift icke ens upptäckts spillrorna av en kista, men där Gustaf Adolf och Karl XII och, vad underligare är, den obalsamerade, blott i en enda, illa sluten kista vilande

Gustaf III ligga mumifierade cch igenkänneliga, under det att den tionde och elfte Karl endast äro ben. Man tänker på den för sin torkande luft bekanta gravkällaren i Quedlinburg, där Aurora Königsmark räddat sin kropp, om också icke sin skönhet, från förgängelse, medan Pantheons fasta murar icke mäktat hindra, att Rafaél, skönhetens dyrkare, länge sedan föll samman till ett benrangel. Man tänker på kardinal Borromeos fullkomligt porträttlika mumie i Milanos katedral eller på den mängd av kistor, i vilka man inneslöt Napoleon för att skydda honom mot jorden, och vilket lyckades så väl, att han sedermera kunde återföras till Frankrike »med ett småleende över läpparna». Eller man tänker på plundrandet av S:t Denis under revolutionen. Hur erbjöds ej där den egendomligaste provskala på de olika öden, som kunna träffa ett ovan jord och med alla omsorger gravsatt lik! Ludvig XIV, han, som hela sitt liv våndades under en sådan fasa för döden, att han icke ens vågade uppföra sitt residens på en höjd, från vilken ögat kunde urskilja spirorna av S:t Denis, låg i sin grift svart som bläck. Hälften av peruken hade falnat bort, den andra hälften däremot befann sig i bästa skick. Ludvig XV, som i hastigheten blivit bäddad på koksalt, låg däremot kritvit, men med den uppsvällda näsan kornblå, och Henrik IV var så lik sina porträtt, att vakten bleknade och skyldrade. Till allt detta förirrar sig tanken och vänder åter tillbaka till det sällsamma skådespelet av den frejdade fältmarskalkens mull och den lille namnlöses bevarade kista.

Locken påläggas ånyo, och valvets port läses, och de tillfälliga gästerna hopstava uppe i kyrkan på en av korets gravstenar Jobs ord: »Förgängelsen kallade Jag min Fader och Matkarna mina Moder och Syskon». — Genom kyrkdörrarna inströmmar dock alltjämt lukten av sommar och hö. Den vilsekomna sädesärlan hoppar ännu fram och åter på bänkarnas kant, där en och annan sliten psalmbok ligger undanstucken, och här mellan koskällor och vallrop, mellan äng och skog, här, där de döda ligga under sin hembygds kyrkogolv eller träkors, här får själva förgängelsen det drag av mild ro, som omvärver en grav på landet.

BLAND ALPERNA

I

Gudsmodersbilden i Einsiedeln

För litet mer än tusen år sedan levde den helige Meinrad af Hohenzollern. Redan i sina bästa år drog han sig undan till Finsterwald vid Zürichersjön och bodde där som eremit, medan hans hår grånade och hans ansikte fårades. Dagligen kommo vallfärdande för att se och höra den fromme mannen, och Hildegard, en abbedissa i Zürich, skänkte honom en gudsmodersbild. Denna bild var praktfullt klädd, men så väl Guds moders huvud som Kristusbarnets var svart.

År 861 blev den helige Meinrad mördad av två män, som hoppades finna dyrbarheter i hans koja. Besvikna i denna förväntan flydde de från stället strax efter blodsdådet. Två korpar, vilka den helige Meinrad tämt, förföljde dem emellertid under ursinnigt kraxande ända in på Zürichs gator. De båda banditerna blevo fasttagna, bekände och avrättades. Med tiden upprättades ett kloster på den mark, där den helige Meinrad fallit för deras yxor. Detta kloster fick namnet Einsiedeln, och den svarta gudsmodersbilden blev klostrets förnämsta relik.

När klosterkyrkan skulle invigas år 948, hördes natten före högtidsdagen sång av änglar, vilka, noga följande prästernas ritual, på förhand själva vigde kyrkan. Sedan påven Leo VIII i en bulla förklarat, att någon vidare invigning icke vore av nöden, alldenstund himmelen själv helgat kyrkan, blev den 14 september, årsdagen av änglainvigningen, klostrets högtidsdag.

På denna dag samlas i Einsiedeln vallfärdande från Schweiz, Frankrike och Italien. Man beräknar, att årligen etthundrafemtiotusen böja knä för den om en praktfullt utstyrd negerhustru erinrande gudsmodersbilden.

Vid Wädensweil lämnade jag Zürichersjöns ångare och fortsatte med bantåget, som långsamt och pustande strävar uppför backarna mot Einsiedelns avlägsna, högt belägna alpdal.

Hösten är inne, vinet är skördat, och på avstånd glimmar bergens friska snö i den kalla, genomskinliga luften. I djupet blånar Zürichersjön, och längs vattnet synas husen och kyrkorna som punkter och streck. Stranden liknar en buktande, med slarvig handstil skriven rad. Ett stycke ut på vattenytan, på det blåvita papperet har den slarviga handen dragit ett snett tankstreck. Det är den långsträckta ön Ufnau. Det var på denna ö von Hutten dolde sig för sina fiender, men redan fjorton dagar efter sin ankomst upphanns av allas vår fiende döden. Han blev jordad på öns oansenliga, lilla kyrkogård, men ingen känner närmare stället där han vilar.

Höga, barrskogsbevuxna kullar stänga snart utsikten, och inom en timme är jag i Einsiedeln. Min uppmärksamhet fängslas genast vid ankomsten av den väldiga klosterbyggnaden med dess huslängor, flyglar, murar och gårdar. Den nuvarande klosterkyrkan, från vars två torn tretton klockor slunga sina klara malmtoner mot alpstuporna, är uppförd i förra seklets början i så kallad romersk stil.

Framför den breda trappan, som leder
upp till kyrkans tre portar, reser sig en präk-
tig brunn i form av ett tempel. Det är av svart
marmor och krönes överst av gyllne krona,
sol och halvmåne. På båda sidor om platsen
löpa arkader. De sträcka sig ned mot staden
som två armar, som en öppen famn. Man
tycker sig stå på en piazza i Rom, och man
förvånas över att landskapets höjder bära
granar i stället för pinjer.

Vid inträdet i kyrkan häpnar man. Vil-
ket virrvarr av glitter och färg, av bilder,
lampor och ljuskronor! Det skiner av förgyll-
ningar, guldkärl, pärlor och ädelstenar. Dyr-
bara föremål av alla möjliga slag äro sam-
mangyttrade på de sexton altarena, och ur
det med målningar och sirat överlastade ta-
ket faller liksom en strålglans över de skulp-
terade korstolarnas änglar och helgonbil-
der, över högaltarets rikt snidade tabernakel,
över den prunkande predikstolen och abbéns
guldkarmade purpurtron. Inne i sidokapel-
lens altarebord ligga bakom glasrutor marty-
rers lik med svärd och palmkvist, liksom man
brukade jorda dem i katakomberna. De äro
iförda dräkter av guldstickad blå eller mörk-

röd sammet. Deras huvuden äro överdragna med vitt siden, och i ögon och näshålor äro anbragta guldbroderier med pärlor eller små lysande stenar.

På ett altare vilar i den eviga lampans matta belysning ett med vitt siden överdraget huvud utan kropp. I de två ögonhålorna brinna två stora smaragder med grönvit glans som en panters ögon.

Muntert verkar mitt i denna guldsmyckade gravstad en målning, som framställer Amor med pil och båge och skälmen i ögat, ehuru hotad av det ris, som kyskheten höjer med en gammal tants stränga värdighet. Tavlan syftar emellertid också den på ett helgon. Den är en pik åt den helige Benedictus, som för att slå bort de tankar, vilka Amor viskat i hans öra, fick den kloka tanken att rulla sig på törnen.

För att förstå den ohycklade andakt, med vilken de vallfärdande betrakta de multnande relikerna, måste man besinna, att dessa människor redan från skolbänken fått noga kännedom om ifrågavarande helgons liv och betydelse. Helgonsägnerna äro för dem, vad världshistoriens anekdoter och sagor äro för oss. Då någon pekar på ett altare och säger: där vilar den heliga romarinnan

Charitosa och där den heliga Candida, nicka de lika förstående som vi skulle göra, om någon sade oss: där vilar Spartacus och här ligga Romulus och Remus.

Inne i kyrkan mitt för huvudingången reser sig ett fristående kapell av svart och gråådrig marmor. Här stå vi framför Einsiedelns förnämsta helgedom, de vallfärdandes mål. Bakom kapellets gallergrindar skymtar otydligt och mystiskt i skenet från tre silverlampor Guds moders svarta bild, omgiven av silverhjärtan, gyllne skyar och strålar. Hon är klädd i styvt silverbrokad. På sin vänstra arm håller hon det svarta Kristusbarnet, på sin högra en blomsterkvast och på hennes änne glittrar en krona av guld och stora ädelstenar. Hon förefaller som en madonna, enkom skulpterad för negrer. Det ligger något av indisk avgudabild i hela hennes gestalt, och rökelsekarens doft erinrar om lukten i Orientens kryddbasarer.

Det är hon, som behärskar klostret och hela trakten. Det är till hennes nåd, som de bedjande vädja i sina bekymmer. Det är hon, som årligen genom nya underverk lockar dessa tusen och tusen vallfärdande till Einsiedeln. På kyrkans vägg hänga kryckor, käppar och av papper klippta armar eller ben till erinran om de vanföra stackare, som hon botat. En mängd små oljefärgstavlor förhärliga hennes makt och barmhärtighet. En duk visar oss en sjukling på sjukhuset, vilken, då ingen förmått böta honom, slutligen anropar hennes hjälp. Som en ande i Tusen och en natt stiger hon fram ur sjukhusets vägg, och hennes milda, moderliga blick återskänker hälsan åt den lidande. En annan duk visar oss staden Ueberlingen, bombarderad av svenskarna. Med en skicklig lawntennisspelerskas färdighet parerar hon bomberna, skyddande det hus, under vars tak hela familjen på knä åkallar hennes bistånd.

Men det är ej blott över Europa, som hon sträcker sin räddande hand. Långt ute på världshaven anropa drunknande i skeppsbrottets ögonblick hennes namn, och frälsta vallfärda de till Einsiedeln för att tacksamt uppsätta en votivtavla i hennes kyrka.

Det är ej endast obelästa och fattiga pilgrimer och hennes i svart klädda munkar, som prisa hennes under och ära henne. Det är en otalig mängd av framstående personligheter, allt från medeltidens kejsare till Goethe, vilka stått öga mot öga med henne. I klostrets stora sal hava Europas nu regerande kejsare låtit uppsätta sina och sin familjs porträtt. Hela denna lysande skara av kejserliga högheter bildar hennes stab. Ur kyrkans kupol nedhänger en smakfull, ofantlig ljuskrona av förgylld koppar. Bokstäver i glänsande emalj berätta, att den är en skänk av Napoleon III. Då han stod på sitt livs och sin makts middagshöjd, förärade han den till henne, ihågkommande den dag, då han, ännu ett barn, vallfärdade till

Einsiedeln med sin moder. Han hängde alltså denna kolossala ljuskrona över hennes huvud, men dessförinnan hade hon till lön för hans vallfärd krönt hans huvud med en krona, som visserligen var vida mindre, men som redan från hans gossår varit hans längtans högsta mål: Frankrikes kejsarkrona. Så hyllas hon, och så belönar hon.

Hela det lilla samhälle, som småningom vuxit upp utanför hennes kyrkas tröskel, skänker hon det dagliga brödet. Hela ortens affärsverksamhet rör sig kring hennes rykte, som ett hjul kring sin axel.

Arkaderna utanför kyrkan äro egentligen endast basarer, fulla av varustånd. Om jag säger, att dessa varustånd uppgå till ett antal av hundrade, tror jag knappast att det är överdrivet.

På högtidsdagarna utvecklas här en livlig kommers, som kommer hela festen att likna en stor, brokig, kosmopolitisk marknad. Ena stunden ringa klockorna, och negermadonnans munkar tåga ut med standar och ljus. Andra stunden är hela kyrkplatsen fylld till trängsel av köpslående och prutande människor. Där säljas relikkapslar, medaljer, crucifix och vaxbilder. Där utbjudas radband av glas, trä, kokus, pärlemor, agat eller korall. Där kunna vi skaffa oss bönböcker i pärmar av läder, elfenben, sköldpadd, horn, pärlemor, silkessammet eller simpelt patentsammet. Där finnas kyrkliga hänglampor, ljusstakar och rökelsekar till ett pris av några francs eller till fem à tio louisdorers värde.

Även på de tider av året, då ingen högtid samlar främlingar kring hennes kapell, är hela staden en enda stor försäljningslokal för kyrkliga artiklar. Alla bodfönster äro fulla av helgonbilder, lampor, bönböcker och radband. Hos bokhandlarna synes endast teologiska skrifter, andaktsböcker och uppsatser om henne, hennes makt och hennes under.

Hela staden bär prägel av att vara en vallfartsort. En Kristusstaty möter oss några steg från bangården. Uppe på en höjd tronar madonnans bild på en hög pelare. Då vi uppsöka ett hotell, kunna vi välja mellan De tre konungarnas eller Hôtel S:t Johannes. Behagar oss intet av dessa, kunna vi gå till S:t Katarina eller till S:t Josef. I nödfall återstår oss Pilgrimernas hotell eller också Svarta korset. Mitt bland dessa hotell med religiösa namn, mitt framför den breda trappan upp till kyrkan, lyser Hôtel Påfågeln, som en kasperteater mellan bönkapell som en demimondedam mellan nunnor.

Då vi sitta till bords, svävar samtalet endast om religiösa ämnen, och på vinflaskans etikett synas kyrkliga sinnebilder.

När vi slutligen lämna Einsiedeln bakom oss och kasta en blick i vår nattsäck, upptäcka vi, att papperet kring vår matsäckssmörgås är fulltryckt med latinska böner.

Omslagspapperet kring den vackra hänglampan, som vi köpt till ett minne, bär gudsmodersbilden. Papperet, som är virat kring lampans röda glas, innehåller en berättelse om den helige Petrus' vistelse i Rom.

Sådant är Einsiedeln, detta schweiziska Mecka.

Utan bekymmer för sin framtid tronar Gudsmoder, rödaktigt belyst, i sin marmorsvarta cella. Hennes makt har tiden ej förmått rubba. Den vilar på hennes mildhet och hjälpsamhet. Hon straffar icke sina fiender, utan hon förlåter dem. Då under revolutionstiden hennes kyrka plundrades och hennes kapell jämnades med golvet, hämnades hon icke på våldsverkarna, likasom S:t Génèviève i Paris, vilken slog den arm med lamhet, som vidrörde henne. Undergivet flydde hon till Tyrolen, buren av sina hängivna munkar, för att, då stormen lagt sig, återvända, kringjublad, hälsad som traktens välgörarinna och drottning.

Hennes sparbössa klingar som en rostig klocka, medan den mottager allmosor, vilka skola underhålla hennes hus och utestänga samtidens skepticism.

Var morgon klockan fyra läses en mässa framför hennes altare. När rökelsens sakta buktande strimmor beslöja henne, är det, som om hennes mörka anlete finge liv och ögonlocken darrade. Var afton efter vesper sjunges ett Salve

Regina till en mild och rörande melodi från elfte århundradet. Det är, som fylldes kyrkan av ekon från en tid, som vi ej längre förstå, men som gudsmodersbilden i okuvlig iver ännu till det sista försvarar med sina under, sitt världsrykte och sin rikedom.

II

Över Splügen

Då hästarna äntligen blivit förspända och släden står färdig framför posthotellet i Thusis, lider det redan mot aftonen. Staden ligger schweiziskt smågemytligt och stilla med snö på tak och fönsterbleck. Gumman, som med två skvalpande ämbar begiver sig till sin svingård, påstås vara ägarinna till flera hundra tusen francs, och hennes dotter, vars hemgift alltså kunde förgylla en greves vapensköld, tvekar icke att för en visad tjänst mottaga några nickelmynt i drickspengar. Inne vid posthotellets långbord sitter en domare med en mugg öl och en lång cigarr.

— Vid en process mellan en engelsman och någon annan utlänning ger jag alltid engelsmannen orätt — säger domaren. — Vid en

process mellan en utlänning och en schweiza-
re ger jag alltid utlänningen orätt.

— Men det är ju icke riktigt av er — in-
vänder man.

— Icke riktigt! Infödingarna hava valt
mig, och om de finna domen orättvis, kunna
de avsätta mig.

Därefter blinkar han klipskt med det ena
ögat och beskriver i torroliga ordalag trak-
tens patriarkaliska rättskipning. Han berät-
tar, huruledes uppe i Davos nycklarna till
häktet förvaras av skänkjungfrun på råd-
huskällaren.

Det är emellertid nödvändigt att skynda
med avfärden, ty färgen på Graubündens
snötoppar angiver redan, att solnedgången är
nära. I bottnen på den citrongula släden läg-
ges en bleckcylinder med hett vatten. Man in-
lindas i filtar och fällar ända upp till ögonen,
och fotsacken, vilken icke är av läder, utan
av svartmålat trä, fälles igen som locket på
en låda. De rykande, stora hästarna spänna
hovarna i isgatan, och små kulor av snö glitt-
ra i raggen kring deras ben. Vägen höjer sig
raskt mot det beryktade passet Via Mala,
som öppnar sig likt en mörk port med dörr-

trän på ettusen sexhundra fot.

En fuktig kyla och ett ihåligt buller möta oss genast, då släden glider in i passets skugga. Kalkstensväggarna skjuta fram i profil som skarpt skurna kulisser. De luta över vägen med svävande klippor och upprivna hängande trädrötter, liksom vore hela passet färdigt att sammanstörta. De stiga tvärbrant i höjden utan mossor, utan buskar, utan någon som helst växtlighet, endast överdragna med ett blåaktigt silverflor av is. De äro stundom skurna i vassa ytor som huggna med mejsel, stundom urgröpta, en annan gång förvittrade, liksom maskätna. Man erfar en hisnande känsla, icke blott vid en blick ned i bråddjupet bakom vägens bräckliga räckverk, utan även då ögat följer klippväggarnas fåror och remnor uppåt till den översta randen, som ännu är solbelyst. Vattenfall och fjällbäckar äro frusna och bilda hängande knippen av isstalaktiter, vilka underifrån mötas av grönaktigt skiftande stalagmiter. Ett band av avgrundsskulptörer tyckes hava uppstigit ur den dånande klyftan och uttömt hela sin hejdlösa fantasis vildhet i formandet av iskolonner, modeller till götiska domkyrkor, förstenade springvatten eller drypande Poseidonhuvuden.

En tunnel har uppförts till skydd mot skredet, men det nedstörtande vattnet har till hälften täckt ljusöppningen med en ruta av is. Tre hundra fot under de bågiga stenbroarna framblänka mellan gråbruna klippstycken och frusna lavar sprutande skum och gröna vågor. Det är Rhen, Hinterrhein, som redan här i sin dystra fjällvagga uppfostras till Grössenwahn. Vägen slingrar in under sneda valv, sprängda genom nedstörtade klippblock, vilka krönta med krypande martallar och knäckta granar kunna liknas vid äreportar, resta åt djävulen. Om djävulen ville hålla ett tåg som triumfator, skulle han icke välja Via Sacra, utan Via Mala. Han skulle komma just vid denna tiden av dygnet, då skymningen hastigt höjer sig ur de bullrande hålorna som ångor ur en häxkittel, medan ännu ett återsken av solnedgången rödmenar alpstupornas ryggar och nymånen färglöst kallt framlyser mitt över det vilda passet.

Man urskiljer här och var högt uppe mot den mörknande himmelen ståltrådsli-

nor, som äro spända tvärs över hålvägen. På
dem fraktas ved och virke över från den ena
sidan till den andra.

Vägen blir allt trängre, bullret allt häftiga-
re, skymningen allt djupare. Först efter mer
än en dryg timmes färd träda fjällbranterna
åt sidan och öppna utsikt över en vidsträckt
dal. På höjden ligga ruinerna av borgen La
Turr, vars sista innehavare uppförde sig som
en Gessler och därför slutligen också fick sin
bane av mördarehand. En dag inträdde han
i bonden Johann Caldars koja och spottade i
soppan, som stod på elden. Då grep honom
Johann Caldar lugnt om strupen och kvävde
honom genom att doppa hans huvud i den
kokande soppan. Därvid ropade bonden:
Ät soppan, som du har kryddat! Detta sked-
de mot mitten av femtonde århundradet och
gav signalen till allmän uppresning.

Det är redan stjärnklar natt, då släden
stannar utanför värdshuset i Andeer. Häpen
över att mitt i frostkalla vintern få en gäst,
upplåter värdinnan sitt mest praktfulla rum.
Det är emellertid eljes beräknat för hög-
sommaren och är egentligen endast ett slags
överbyggd träveranda vid det stora stenhu-

sets gavel. Den outhärdligaste köld intränger genom väggar och golv, och för tjugonde eller trettionde gången i sitt liv tror man sig upptäcka, att man blivit alldeles för gammal för resor. Icke är det något nöje att frysa eller skakas av och an i en trälåda, den må dragas på hjul eller medar! Icke är man lyckligare i afton, då man har sett Via Mala, än i går afton, då man icke hade sett den! Vartill tjänar då allt detta omak? Hur mycket bättre skulle man icke hava det där hemma framför en björkvedsbrasa!

Genom en fängelseaktig korridor begiver man sig ned till källarsalen och äter en middag med parisiska pris, men utan parisiska varor. Biffsteken tyckes stekt i ett talgljus, vinet rött bläck och efterrätten bröd, tuggat av en tandlös gumma, ty hårdare bitar av kanten sticka okrossade fram mellan russinen och sockret. Vid andra ändan av bordet spisa några infödingar samma mat, men tre gånger billigare.

Först följande morgon, då man åter sitter under träfotsacken i den citrongula släden, ter sig resan på nytt i ljusare färger. Det schweiziska höglandet visar sig heller aldrig så storslaget vilt, så överväldigande som just i sin isiga midvintersdräkt. Om sommaren erhåller det ett menlösare drag, som fördärvar stämningen. Det liknar då en Herkules, förklädd till kypare eller, i bästa fall, till en beskedlig herde, som mjölkar kor.

Vägen upp till Splügen har syskontycke med Via Mala, har samma sänkräta, svindlande fjällväggar, samma i djupet sjudande ström, men är rymligare, öppnare, gladare. Vid middagstiden hålles en timmes rast i byn Splügen, som insnöad ligger på bottnen av en ödslig dalsänka. Sedan man på kuskens inrådan ätit och druckit så mycket som möjligt för att bliva varm, fortsättes åter slädfärden i sakta skritt upp mot Splügens snökam. Kusken går bredvid i höga kragstövlar, jodlar och berättar om influensan och skredet. Som han är av rätoromanisk börd, är han dock icke lätt att förstå, och snart tystnar samtalet.

Ännu en stund är vägen kantad av hög granskog och snön ofta korsad av friska rävspår. Men snart har ett tunt bälte av risiga lärkträd genomfarits, och vi befinna oss ovan växtlighetens gräns.

Den djupa snön, som likt sanden på sjöbottnen lagts i långa, buktande vågor av stormen, stiger högt upp kring slädens sidor, och hästarna hava ett tungt arbete. Kölden är pinsamt bitande, och de svarta glasögonen förmå ej helt skydda ögonen mot snöns stickande återstrålning. En vass blåst sveper fram över höjden, men man märker den endast på suset i sina egna öron och på hästarnas fladdrande manar samt någon gång även på ett sakta glasaktigt rasslande i de skarfrusna drivorna. Eljes går stormen osynligt över berget; den hittar intet träd att rista, inga flöjlar att skrikande svänga runt. Landskapet antager plötsligt nära nog utseende av en lågt kuperad slätt, och över de tröstlösa, i blåsvart molntöcken insvepta snövidderna höja sig endast de vresiga och grovt tillyxade telegrafstolparnas långa led. Inga fåglar kasta sin skugga på drivorna, inga steg knarra, ingen klockringning tillkännagiver någon bys närhet.

Ur dimman framdyker ett ensamt och obebott stenhus, snarare avskräckande än inbjudande. Det är ett skyddshärberge i händelse av snöstorm, men alla gengångare och gastar, vilka vår tid jagat i landsflykt, borde här kunna få en fristad på gamla dagar. När byggnaden

försvunnit, omgivas vi åter av samma svårmo-
diga stillhet, samma snöiga ödeland.

Simplon har det måleriska hospitiet med
sina gästfria på samma gång blåfrusna och
solbrynta munkar, men Splügen har endast
sina nakna klippstycken och sin snö. En hug-
gen sten, snarlik en snötäckt gravvård över en
förolyckad, kännetecknar just på bergets krön
gränsen mellan Schweiz och Italien.

Efter en stund sänker sig vägen mot flera
grå stenhus, som ligga kringströdda utef-
ter vägen med kortare eller längre mellan-
rum. I ett av dem är tullstation; de andra
äro skyddshärbergen, försedda med klock-
or, vilkas klämtslag vägleda vilsekomna un-
der snöstorm. Det händer, att posten mås-
te stanna i dessa hus flera dygn med slädar,
hästar, främlingar och brev. Skafferiets kon-
servburkar bliva då uppbrutna och vinför-
rådet tömt medan alla trängas kring brasan
och de klagande klämtslagen ljuda ute i
snöyran.

Ett stycke nedanför sista skyddshärber-
get viker vägen in i långa gallerier, uppför-
da till skydd mot skredet och erinrande om
kasematter. De flesta ljusöppningarna äro

överyrda med snö. Det var här, som skredet begrov hela skaror av Macdonalds soldater, då han tågade över Splügen.

Under de gråsvarta molnmassorna, vilkas nedre kanter gulglödgas av kvällssolen, blottas så småningom en djup dalgång, som sträcker sig ända ned till Chiavenna och Lago di Como. Vägen stupar brant och i skarpa vinklar samt följer oavbrutet bråddjupets yttersta rand. Kusken svänger sin piska och giver fria tömmar åt hästarna, som sträcka ut i trav, snubblande och snavande. Släden slungas än in mot berget än ut mot räckverket, och färden går beständigt nedåt kvart efter kvart. Det är som åkte man till jordens medelpunkt. Luften blir mildare, nästan ljum, blåsten saktar av, och snön är ej längre frusen, utan våt. Slutligen hörs ett vasst gnissel under medarna; snön har upphört, och marken ligger bar.

Den öppna, citrongula släden utbytes mot den täckta, men lika citrongula postvagnen. Postiljonen sätter hojtande och klatschande sitt fyrspann i galopp, och åter bär det av utföre — utföre i oändlighet. Barn och lastade åsnor jagas skrämda åt sidorna. Mörkret bryter in, och över de fällda fönstren uppfångar ögat en skymt av vingårdar och lummiga träd. Slutligen rullar den skallrande gigantvagnen in på Chiavennas trånga gator.

Där vimlar av folk, av män i slängkappor och barhuvade kvinnor med korgar och krukor. I de öppna bodarna längs gatan flämta lågorna på de smalfotade mässingslamporna, och månglare i luvor gestikulera framför sina kunder. Genom ett par slutna spjälluckor utränga toner från ett vevpiano. Balkonger och husrader rusa förbi, och man hinner kasta en blick i upplysta rum, hållna i ljusa färger.

Postvagnen stannar först på torget framför hotellet. Värden läser själv upp vagnsdörren och pekar inbjudande mot den öppna matsalen, vars dukade bord är prytt med friska blommor ur trädgården.

Den frusne resenären, som ännu för några timmar sedan stred med snö och köld uppe på Splügen, inandas nu på Chiavennas torg Italiens egendomliga lukt av sommar och frukt.

STORLIEN

Åre är nog vackert, ja överraskande vackert. Det är ett sant Tyrolen, om också med ännu härligare luft och klarare, fast hårdare och dystrare färger, men det är vackert just på det sätt som en kurort bör vara för att med tiden få stort rykte och många gäster. En dal förblir dock alltid en dal, och man gläder sig där mest åt att stirra upp mot höjderna. Det är på längden det tryckande och ledsamma med en bostad i dalen att man aldrig får någon riktig trevnad och ro för den allra översta toppen. Det blir ett liv i trängtan. Nej, Storlien, Storlien, det är av allt vad jag ännu sett i Sverige det mäktigaste.

När jag nu efteråt tänker på Storlien söker jag att pruta med min förtjusning. Jag drar mig till minnes det vackraste som jag såg några dagar förut. Först och främst minns jag Skattungbyn ovanför Orsa. De grå stugorna titta ned från bergsluttningen som fågelbon, och oändliga åsar, klädda med mörk granskog, sträcka sig långt bort mot blåaste fjärran. Det är ståtligt och vackert, på en gång rikt och armt. Det är Norge livs levande! — Eller jag minns Leksand. Genom den långa alléen av lummiga hängbjörkar nalkas i spridda skaror de präktiga dalamännen och deras kullor. Dräkterna lysa, de kritvita, ofantliga grindstolparna lysa och allra vitast lyser kyrkan med sina naiva bilder på gavlarna och sitt ryska torn, som anses uppfört av en gammal karolin efter hans hemkomst från fångenskapen. Frånvaron av moderniseringar och dödande stilrensningar förlänar åt kyrkans yttre ett alldeles särskilt naturligt behag. Den klaraste högsommar strålar över Siljans rödvinsliknande vatten och det saftiga gräset, men det är som svävade någonstädes mitt genom solljuset en iskall, gråsvart skugga, omöjlig att fånga, omöjlig att utpeka och dock beständigt förnimbar. Det är som sutte mitt i det bländande skenet det djupaste vintermörker hopkrupet och på lur och viskade: Nu kommer jag! — Aldrig förr har jag sett eller drömt mig en så obeskrivbar blandning av middagsljus och mörker. Den erinrar om ett utkast, målat med penslar som av misstag kommit i beröring med bensvart. Allt flera dräkter tåga emellertid förbi i den genomskinliga och främmande dagern. Snart är menigheten församlad under valven, två präster i mässkrudar av purpur och guld stiga framför altaret och en renare samsång än vid en gudstjänst i Dalarna få vi ingenstädes höra i våra bygder. När folket åter lämnar bänkarna, förblir dock orgelnisten sittande vid instrumentet och en och annan kulla dröjer för att lyssna. Han är konstnär. Han spelar och spelar fritt och ledd av sin inbillning och slutar med ett furioso. Var i en landskyrka bjödos vi väl på sådant? Allt förblir så underligt främmande. När jag tilltalar någon, förstår man med knapp nöd mina ord. Det hela skulle förefalla som någon avlägsen vallfartsort hundratals mil inne i Ryssland, om där icke saknades varje drag av barbari. Den förening av historia och nutid och den burgenhet, ordning och prydlighet som besjälar Dalarnas folkliv låter oss blicka in i en egendomligt fyllig och utvecklad bondekultur, vartill knappast någon annan trakt av vår världsdel kan uppvisa maken. Och dock reser sig i minnet högt över Leksands tornspira mellan rullande molnmassor Storliens hemskt sköna högslätt, och till sist täcka skyarna allt annat med sin slöja.

Det svenska landskapet vimlar av idyller och blir någon gång till och med sött. Näpenheter titta fram under var björk och genom var grind. Ej sällan brister det hela sönder i småsaker. Så är fallet med Stockholms skärgård, där det finns allt möjligt, men ingenting helt och stort, ingenting av det »antingen-eller», som genom sin ytterlighet förlänar storhet åt de kala bohuslänska klipporna eller åt ett sandfält utan strå. Främlingen, som ilar framåt från Malmö till Storlien, genomreser bygder, som äro varandra mycket lika och med Bædeker klagar han ofta över enformighet. Skillnaden mellan det plastiska Halland eller den franskt tecknade bygden vid Kungsör och till exempel Bellmansnaturen närmast Stockholm kräver förtrolighet för att rätt fattas. Icke ens om han är norrman eller dansk äger han tillräcklig kännedom om vår litteratur och konst för att på förhand sitta rustad med öppna och begripande ögon. Helgmålsringningen ljuder stilla över små sjöar och oändliga rader av små berg. Härar av välmående skylar hålla midsommarvaka kring gårdarna utan att kasta någon skugga. Var gång han vänder sig mot vagnsfönstret ser han samma syn. Han finner inga ensidigheter, inga ytterligheter, ej ens mellan välstånd och nöd. Sällan eller aldrig bära stugorna den prägel av hjälplöst armod, som kan särteckna vissa byar i andra länders mer fattiga provinser. Lika litet som åsynen av våra dagars Stockholm kan övertyga honom att där en gång tronat en präktig, gammal medeltidsstad, lika svårt är det att skönja fattigdomens drag i vårt landskap, och måhända börjar denna fattigdom att mer och mer förvandlas till en dyster men gripande sägen. Sverige tycks honom därför en kedja av vackra men likformiga och likfärgade pärlor. När han har betraktat två av dem, berömmer han dem hjärtligt och menar sig känna de andra. Det finns, som antytt, emellertid trakter oftast avlägsna, där en eller annan av vårt landskaps kanske mest vanliga och förbisedda detaljer plötsligt växer ut till en karaktärsfull, allt behärskande enhetlighet, och dessa trakter bli också våra mest storslagna.

För ett par år sedan tillbragte jag en halv dag på Skansen samman med två fransmän. Den ene var Daudets son, den andre Victor Hugos sonson. De försökte sig på skidor, skämtade olovandes med de farbroderliga brumbjörnarna och voro högst belåtna. Intet tilltalade dem likväl i sådan grad som — landskapet. Deras förtjusning gällde dock alldeles icke utsikten från klockstapeln utan — vad väl ingen lär gissa — den låga och mariga skogen mellan stugorna och Bredablick. Jag insköt med berättigad blygsamhet några ord om Schweiz och Norge, men Daudet svarade med hetta, att Schweiz och Norge voro banala oljetryck och detta däremot en ny karaktärsfull bekantskap.

Ännu en gång måste jag upprepa: det som tjusade dem var den mariga, lilla skogsbäcken med sina vitmossiga hällar.

Låt oss se bort från den improviserade

och kanske litet blaserade överdriften. Hur väl förstå vi emellertid icke att just detta stycke natur genom sitt särdrag måste påkalla deras uppmärksamhet. Jag önskade att jag kunnat visa dem det för mellersta Sverige mest egenartat karaktäristiska: myren med sina giftörter, sin marskog och gungfly, svedjefallet med sina ormbunkar och stubbar och uppsalatraktens järn- och stenålderslandskap, bastarden av hed och skog, där enarna likt blotande präster omringa de uppresta eller underligt lagda klippstyckena.

Det är just myren, som går igen på det jämtländska fjället, men förädlad och förstorad. Man igenkänner prägeln, men metallen är ej längre koppar, utan puraste guld. Det är en av vårt landskaps detaljer utarbetad till ett jätteverk. Redan vid Duved och Ånn blir allt stränghet och karaktär. Landskapet påminner icke längre om annat. Det är helt sig själv. Det är myrens ödslighet och träd, men tuvorna växa samman till kulliga slätter, som ha något av en stäpps oändlighet och dock begränsas av långsträckta fjäll, strimmiga av snö och med buktande linjer av oförliknelig skönhet.

Någon säger att Storliens majestätiska fjällhedar ha likheter med Lappland. Om så är, kunna vi endast svara, att då väntar däruppe ett helt underland, sparat åt framtiden, slutet inom sig självt, nytt, jungfruligt, knappast ännu förstått och därför dubbelt lockande och förtrollande.

På Storlien husera ovädren likt häxorna på Brocken, och skyddande snöskärmar kanta banvallen eller bilda långa tunnlar. Frostbitna och sönderbrutna granar sträcka envist i stormen sina långa spinkiga toppar, som äro förkolnat svarta, och den avlägsna fjällkedjan hinner knappast blotta sin snö innan skyarna åter omhölja allt. Ljus och mörker blandas här ej längre till något obestämt mitt emellan sken och skugga. De brottas bröst mot bröst, omslingra varandra med långa, vilda armar, tumla runt och resa sig ånyo, och herraväldet tillfaller växelvis än den ena och än den andra. Man tänker icke längre på växtlighet och grönska, icke på bärgade eller förödda skördar, icke på lyckligt inplockade eller förfrusna frukter, icke på välstånd eller nöd, kanske icke ens på egna framgångar eller kval. Hela landskapet hämtar uteslutande sitt liv och sin färg av denna eviga strid, mellan ljus och mörker. På Storlien vill jag en gång bygga mig ett hus, när jag blir gammal och trött på allt det andra där nedanför.

EFTERORD

Verner von Heidenstam föddes den 6 juli 1859 på bruksherrgården Olshammar i kanten av hans omskaldade Tiveden, invid Vätterns västra strand. Heidenstam fick en borgerlig uppfostran; skolgången skedde i den högt ansedda Beskowska skolan i Stockholm, medan somrarna tillbringades på Olshammar, där han kunde förkovra sig i gårdens stora bibliotek med klassisk litteratur eller vara ute och leka i naturen, bland marken och stenarna. Bland den nationella litteratur Heidenstam tog del av under uppväxten fanns författare som Esaias Tegnér, Johan Ludvig Runeberg och Johan Olof Wallin.

Det Sverige som Heidenstam började författa i var ett helt annat än dagens mångkulturella Sverige. Den senare delen av 1800-talet får ses som något av borgerlighetens storhetstid i Sverige. Det var samtidigt ett land i förvandling, där Sverige gick från att ha varit en fattig jordbruksnation till att snabbt bli en ledande industrination, med en snilleindustri av världsvid berömmelse. Skattetrycket var lägre än i USA och flera av de storföretag som skulle bidra till Sveriges välståndsökning grundlades. Politiken och kulturetablissemanget dominerades av borgerligheten, kulturlivet var därför konservativt och det hölls hårt på traditioner och sedvänjor, samtidigt som det inhemska ofta lyftes upp.

Baksidan av de snabba samhälleliga förändringarna i Sverige var att vissa områden blev eftersatta eftersom borgerligheten inte prioriterade dem; det politiska systemet var fortfarande anpassat efter ett äldre Sverige, vilket gjorde att den framväxande arbetarklassen stod utan rösträtt och möjlighet till att kunna påverka politiken. Arbetarklassens löner, arbetsvillkor och anställningsskydd var inte heller de bästa. Konsekvensen blev att arbetarna började organisera sig för att tillkämpa sig politiska rättigheter.

Den framväxande arbetarrörelsen var emeller-
tid inte enhetlig; dels fanns det en idealistisk
strömning vars mål var att tillkämpa sig en
bättre situation men som samtidigt hade Sveri-
ges väl för ögonen; dels fanns det den marx-
istiska falangen som verkade för klasskamp,
revolution, störtande av traditionerna och som
hade den politiska makten som slutmål.

Sådan var den samhälleliga situationen
när Heidenstam började författa i slutet av
1800-talet. Litterärt tillhörde Heidenstam
nittiotalisterna, en grupp författare och kul-
turpersonligheter som reagerade mot åttiota-
listernas vänsterorienterade naturalism. Andra
nittiotalister var Gustaf Fröding, Erik Axel
Karlfeldt och Gustaf Ankarcrona. Nittiotalis-
terna kom att sätta ett stort avtryck på svenskt
kulturliv, tillsammans med samtida kultur-
personligheter som Wilhelm Peterson-Berger,
Hugo Alfvén, Carl Larsson och Anders Zorn.

Heidenstams genombrott och framgångar
kom när han lyftes upp av det borgerliga
kulturetablissemanget, men han kom ändå
inte att vara representativ för borgerligheten,

sin bakgrund till trots. Hans intressen låg inte i att försvara några borgerliga klassprivilegier utan att verka i fosterlandets intresse, för hela folkets väl.

Heidenstam kom att uttrycka en både nationell och social tanke i många av sina verk, bland annat i de texter som återfinns i denna bok. Förutom hans rent litterära kvalitéer, ligger hans storhet däri, att han åsidosatte sitt eget klassintresse och verkade för ett enande av folket i en tid av splittringsförsök. Hans strävan bar initialt frukt; det borgerliga etablissemanget fortsatte att bära upp honom samtidigt som arbetarrörelsen tog honom till sig som en förkämpe för deras rättigheter. Heidenstam kom att ses som samlande gestalt för Sverige, en nationalskald höjd över den vardagliga politiken, vilket var en roll han trivdes i. Det fanns emellertid krafter inom arbetarrörelsen som inte önskade se ett enande av folket.

När August Strindberg attackerade Heidenstam i ett utbrott av personlig missunnsamhet och avundsjuka, så tog marxisterna i arbetarrörelsen tillfället i akt och underblåste attacken till att skapa en långvarig konflikt, Strindbergsfejden, vars syfte var att alienera Heidenstam från arbetarna och därigenom underminera hans folkgemenskapssträvande och fosterländska idéer. Strindbergsfejden kom att utvecklas till en kulturkamp mellan den marxistiska vänstern och de nationella krafterna i Sverige. De nationella representerades framförallt av unghögern som verkade för att ena folket i ett gemensamt intresse för nationens väl. De var för ett auktoritärt politiskt styre och betonade försvarsfrågan och kristendomens betydelse för samhällsbygget. De var öppna för sociala reformer och alla lika möjligheter oavsett social bakgrund. Förutom att stå på solid nationell grund var de orienterade mot Tyskland, som ansågs närbesläktat och där motsvarande politiska strömningar vunnit framgångar med Bismarcks sociala reformer och den preussiska socialismen, och där politiken vilade på auktoritära, kejserliga traditioner och ett lutherskt arv.

Marxisterna uppnådde sitt mål med Strindbergsfejden; Heidenstam återfick aldrig det anseende han en gång haft av arbetarrörelsen. Marxisterna gick även segrande ur kulturkampen i stort, vilket sedermera förlänade dem den politiska makten, enär de likaledes vunnit kampen om inflytandet över arbetarrörelsen. Orsaken härtill fanns sannolikt i att det var de som hade störst ekonomiska resurser, ty marxisterna hade storkapitalets uppbackning, hur paradoxalt det vid en första anblick än kan te sig. Sanningen är emellertid att det förhållit sig så alltsedan marxismens uppkomst; grundaren Karl Marx betalades av bankiren Lionel de Rothschild för att sitta och skriva *Kapitalet* i London. Sedan dess har samma storfinans som Rothschild representerade finansierat en mängd marxistiska "arbetarrörelser" och revolutionsförsök världen över, den ryska revolutionen torde vara det kändaste exemplet. Sverige utgjorde inget undantag. De krafter som skulle bli tongivande i den svenska arbetarrörelsen lierade sig tidigt med storfinansen. Den viktigaste kopplingen fanns i den "röde bankiren" Olof Aschberg, som opererade från Sverige. Aschberg blev en viktig delfinansiär och länk i överförandet av amerikanskt kapital till finansieringen av den ryska revolutionen 1917. Aschberg hade även – sedan långt tidigare – skänkt pengar till den svenska arbetarrörelsen, låtit finansiera den första översättningen av Karl Marx till svenska och understött socialdemokratiska tidningar. Han var personlig vän med flera arbetarföreträdare som Hjalmar Branting, Zeth Höglund och Otto Grimlund.

Sålunda gick det till när vänstern detroniserade Heidenstam. Efter Strindbergsfejden tog vänstern sedermera successivt över hela det svenska kulturlivet och likriktade det enligt eget önskemål. Som ett sista erkännande från det gamla Sverige tilldelades Heidenstam 1916 Nobelpriset i litteratur, ty vänstern hade ännu inte lyckats få kontroll över Svenska Akademien. En sista rest från det gamla kulturlivet som lyckades överleva vänsterns maktövertagande var annars Evert Taube, som umgicks i samma nationella kulturkretsar som Heidenstam och initialt bars upp av dem. Taube blev kallad "den siste nittiotalisten" av Karl-Ivar Hildeman. Anledningen till att vänstern lät Taube hållas var sannolikt för att han hade ett inslag av främmande exotism i många av sina

visor, samt att han inte hade uttalat en politisk
agenda i konflikt med vänsterns, även om det
nationella ibland kunde komma till uttryck
i dikter som *Skandinavernas öde* eller i visor
som *Sång i Danziger gatt*. Taubes folkliga
popularitet i det efterkrigstida, totalt vänster-
dominerade kulturlivet var en indikation på
att folket längtade efter något annat än vän-
sterkultur. Vad folket längtade efter indikeras
av vilka Taubevisor som var de mest populära
och som har levt kvar; de svenska folklivs-
skildrande och de nordiskt naturromanistiska.

En ytterligare indikation på folkets längtan
fick vi i början av 1990-talet, med populär-
kulturella fenomen som Nordman och Ultima
Thule, två musikgrupper med dragning åt det
nationella. Nordman med sina folkmusikinspi-
rerade toner, mytiska texter och fornnordiska
estetik och Ultima Thule med sina national-
romantiska hyllningar till svensk historia och
natur blev båda oerhört populära och nådde
stora försäljningsframgångar, trots att de
misstänkliggjordes av kulturetablissemanget.
När det dessutom visade sig att Ultima Thule
hade nationella rötter påbörjade kulturetablis-

semanget en krigföring mot dem för att få bort dem från det offentliga rummet. Hursomhelst indikerade deras omåttliga popularitet folkets längtan efter folklig och fosterländsk kultur.

Åter till Heidenstam: Heidenstam drog sig tillbaka från offentligheten efter Strindbergsfejden, han författade bara en enda bok efter fejden. Det enda som hördes från honom i övrigt var när han gav intervjuer, annars höll han mest till på Övralid, herrgården som han lät bygga på 1920-talet och som skulle bli hans sista hem. Politiska skeenden i utlandet återgav honom dock hoppet om den ljusnande framtid, att de politiska idéer han omfamnade äntligen skulle få sitt förtjänta genomslag.

När nationalsocialisterna grep makten i Tyskland 1933 uttryckte han därför sin uppskattning: "Jag visste att Tysklands stund skulle komma och hälsar nu nationens uppvaknande." Hans uppskattning för den tyska nyordningen var ömsesidig; Heidenstam var en populär författare i det nationalsocialistiska Tyskland, bland annat gavs hans böcker ut i frontupplagor till soldaterna under andra världskriget. Han utnämndes även till hedersdoktor vid universitetet i Heidelberg 1936.

På 1930-talet utvecklade Heidenstam demens som kom att isolera honom allt mer från omvärlden. Den 20 maj 1940 somnade han slutligen in på Övralid. Efter hans död kunde en minnesruna höras i Königsbergsradion: *"'Karolinernas' författare, vårdaren av de stora soldatiska idealen från Karl XII:s tid, har alltid haft sina hängivna vänner och beundrare i Tyskland. Verner von Heidenstam har också alltid varit en stor vän av Tyskland, och under åren efter den nationella revolutionen här i landet, då småsinnet och hatet mot Tyskland rasade värre än någonsin, framträdde denne andens storman mången gång och deklarerade högt och tydligt sin förståelse och beundran för det nya Tyskland."*

Verner von Heidenstam blev berövad sin storhet, då vänstern inte önskade se en enande gestalt för folket. Hans minne har emellertid vårdats av de nationella. När kulturkampen nu börjat svänga till de nationellas favör igen och en nästan sekels lång vänsterhegemoni

snart är till ända, så är det vår fosterländska
plikt att åter lyfta upp våra inhemska före-
gångsmän. Därför är det dags att åter upphöja
Heidenstam till sin rättmätiga plats som en av
Nordens största söner.

Olof Flodæus